Af-A-III-59

18 45
D R

D1730380

HAMBURGER BEITRÄGE ZUR ÖFFENTLICHEN WISSENSCHAFT

Im Auftrag der Universität Hamburg
herausgegeben von
Ludwig Huber, Harald Schliemann, Helmut Vogt

BAND 8

Siegbert Uhlig (Hg.)

AFRIKA AKTUELL

Probleme und Perspektiven
der nordöstlichen Regionen

DIETRICH REIMER VERLAG BERLIN · HAMBURG
1989

CIP-Titelaufnahme der Deutschen Bibliothek

Afrika aktuell : Probleme und Perspektiven der nordöstlichen
Regionen / Siegbert Uhlig (Hg.). – Berlin : Reimer, 1989
(Hamburger Beiträge zur öffentlichen Wissenschaft ; Bd. 8)
ISBN 3-496-00478-9

NE: Uhlig, Siegbert [Hrsg.]; GT

Gedruckt mit Unterstützung der Johanna und
Fritz Buch-Gedächtnisstiftung

© 1989 by Dietrich Reimer Verlag
Dr. Friedrich Kaufmann
Unter den Eichen 57
1000 Berlin 45

Umschlaggestaltung: Thomas Rode/Werner Ost, Frankfurt/M.

INHALTSVERZEICHNIS

GELEITWORT

Wissenschaftler der Universität Hamburg hielten im Wintersemester 1985/86 im Rahmen des Allgemeinen Vorlesungswesens Vorträge über "Probleme und Perspektiven der Entwicklung des nördlichen und östlichen Afrika". Dabei wurde bewußt darauf verzichtet, sehr fachspezifische Kenntnisse zu vermitteln, vielmehr standen die Beiträge unter ethnischen, religiösen, forstwirtschaftlichen, wirtschaftsgeographischen, verkehrstechnischen, militärischen und wirtschaftspolitischen Aspekten vor allem des nordostafrikanischen Raumes, dessen atemberaubende Entwicklung im Mittelpunkt des vorliegenden Bandes steht.

Die Veranstaltung war dem Gedächtnis einer im Winter zuvor verstorbenen Hamburger Gelehrten gewidmet, die sich - ohne Afrikanistin zu sein - um die Förderung afrikakundlicher Studien Verdienste erworben hat: Henriette Oboussier.

Will man Leben und Werk dieser Naturwissenschaftlerin würdigen, müssen vor allem drei ihrer herausragenden Charakterzüge genannt werden: Analytische Präzision, Energie und persönliches Engagement. Ihre Vita und die nüchternen Angaben in den Personalakten, die im Staatsarchiv Hamburg aufbewahrt werden und dank einer Sondergenehmigung eingesehen werden konnten, bestätigen dies in eindrucksvoller Weise.

Henriette Marie Anita Oboussier wurde am 2. April 1914 als Tochter des Reeders Max Oboussier in Antwerpen (Belgien) geboren. Schon in früher Jugend kam sie nach Hamburg, wo ihr Vater bis zu seinem Tod Generaldirektor der Reederei Hapag war. Hier besuchte sie von 1929 bis 1933 das Realgymnasium der Klosterschule und legte Ostern 1933 die Reifeprüfung ab. Nach dem Studium der Biologie, Chemie und Mathematik an den Universitäten Freiburg, Königsberg, München und Hamburg wurde sie im November 1938 von der Mathematisch-Naturwissenschaftlichen Fakultät der Universität Hamburg promoviert, wobei sie sich als Wissenschaftlerin "über das übliche

Niveau hinaus" (Schreiben von Professor Dr. Bertold Klatt vom 26. Januar 1951) erwiesen hatte. Sie arbeitete von 1939 bis 1941 als Wissenschaftliche Assistentin, um von 1941 bis 1945 ihre Kreuzungsversuche an Haustieren als Stipendiatin der Deutschen Forschungsgemeinschaft fortzusetzen, wofür sie trotz des sich abzeichnenden Zusammenbruchs noch Fördermittel erhielt. Mit dreißig Jahren habilitierte sie sich im Sommersemester 1944. Dem Schriftwechsel zwischen Mathematisch-Naturwissenschaftlicher Fakultät und Rektorat auf der einen und dem Ministerium in Berlin auf der anderen Seite ist zu entnehmen, daß "hier in Hamburg kein Bedürfnis für die Verwendung von Fräulein Oboussier" besteht (Schreiben des Rektors vom 19. September 1944), was jedoch in der hochschulpolitischen Situation und nicht in der Person der Wissenschaftlerin begründet war. Dennoch hat diese zögerliche Haltung und die Lage unmittelbar vor und nach Kriegsende die akademische Laufbahn Henriette Oboussiers beeinträchtigt. Nach der Wiedereinstellung als Assistentin aufgrund einer Genehmigung der englischen Militärbehörden im November 1945 kann sie schließlich am 15. Januar 1947 ihre Antrittsvorlesung vor der Fakultät über "Färbung und Zeichung der Schmetterlinge" halten und die Venia legendi für das Fach "Zoologie und vergleichende Anatomie" erlangen. Die Jahre von 1942/43 bis etwa 1947 haben Henriette Oboussier nachhaltig geprägt: Neben der unbeirrten und fruchtbaren Forschung unter Bedingungen, die heute kaum mehr vorstellbar sind (wenngleich sie bald nach Kriegsende bescheidene Mittel der Hamburgischen Wissenschaftlichen Stiftung erhielt), hat sie sich nicht zuletzt durch die Rettung wichtigen wissenschaftlichen Materials verdient gemacht. An diese Aufräumungsarbeiten nach den Bombennächten des Jahres 1943 erinnert sie sich noch drei Jahrzehnte später recht lebhaft. 1951 wird Frau Oboussier, die sich als akademischer Lehrer und Forscher bereits einen Ruf erworben hatte, auf Vorschlag der Fakultät zur Außerplanmäßigen Professorin ernannt. Wie einem Schreiben Professor Klatts zu entnehmen ist, hatte dieser nach Persönlichkeiten Ausschau gehalten, die "die Gewähr bieten, auch wissenschaftlichen Geist in den Unterricht zu tragen". Als sie am 1. Juli 1958 zur Abteilungsvorsteherin und Professorin ernannt wird, hat Henriette Oboussier schon nahezu zwei Jahrzehnte an dieser Universität gewirkt (Professorin der Universität wird sie erst 1971). Auch nach ihrer Pensionierung am 30. September 1979 bleibt sie eine mit Rat und Tat helfende Wissenschaftlerin, berät jüngere Kollegen, begleitet sie - wenn nötig - mit schonungsloser Kritik und setzt sich für die Förderung naturwissenschaftlicher wie geistesgeschichtlicher Arbeiten ein. Sie geht in die Geschichte der Hamburger Universität als energische und couragierte Wissenschaftlerin ein, deren Engagement und Durchsetzungsvermögen manchem jungen Menschen half, die auf der anderen Seite aber sachlichen Auseinandersetzungen nicht auswich.

In all den Jahrzehnten ihres Wirkens blieb der afrikanische Kontinent die bevorzugte Forschungsregion von Frau Oboussier. Ihre Forschungsberichte, die sich von 1959 an finden, beweisen, welche Faszination Afrika, vor allem seine Tierwelt, aber auch die Menschen und ihre Kulturen auf sie ausübte. Sie bereiste - meist unter wenig komfortablen Bedingungen - Länder wie Tansania und Kenia, Uganda und Mosambik, den Tschad, Angola und Südafrika, wiederholt auch Äthiopien. Den Ertrag dieser Expeditionen bildet eine geradezu einmalige Sammlung. Dieser Kontinent hat sie während aller Reisen - und dies weit über ihre fachspezifischen Studien hinaus - immer wieder wie mit magischen Kräften angezogen: "Wie sehr hierbei viel mehr als nur ihr wissenschaftliches Interesse angesprochen wurde, kann man nur ermessen, wenn man sie persönlich auf einer solchen Reise "erleben" konnte; mir schien sie vollkommen verwandelt zu sein, gelöst, ja beschwingt" (Harald Schliemann in seinem Nachruf: Henriette Oboussier zum Gedächtnis = Mitteilungen aus dem Hamburgischen Zoologischen Museum und Institut 82 [1985] 27). Frau Oboussier war nicht nur eine Fachgelehrte mit herausgehobener Spezialisierung, sondern pflegte außerordentlich viele Interessen. Sie sammelte afrikanische Märchen, sprach gern über Religion und Brauchtum der Ethnien, die sie besuchte; sie fotografierte (und zwar meisterlich) und ließ sich Riten oder Prozessionen erklären, die sie bis in die letzten Wochen vor ihrem Tode in Afrika kennenlernte.

Jahre vor ihrem Tode schlug Henriette Oboussier vor, allgemein verständlich Vorträge über Afrika zu halten. So empfahl sie zum Beispiel bei verschiedenen Gelegenheiten, über die orale Erzählkunst der Afrikaner, über ihre Geburts-, Initiations- und Begräbnisgebräuche, aber auch über aktuelle Probleme des Tierschutzes, der Infrastruktur und der Ökologie zu sprechen. Mehr als einmal betonte sie, afrikanistische Forschung müsse mehr als Philologie und Linguistik leisten, sie dürfe nicht die Ganzheit des kulturellen, historischen und religiösen Lebens aus dem Blick verlieren. Gewiß mag man die Frage stellen, ob der Nichtafrikanist zur Definition eines ihm nur recht ungenau vertrauten Faches berufen ist, zumal es hier um mehr als nur um Probleme einer Definition geht; doch wird kaum jemand ernsthaft bestreiten, daß der Student von Afrika zu wenig weiß, der nur sprachlich ausreichend gebildet ist, wenngleich dies wiederum nicht bedeuten kann, Orientalistik und Afrikanistik ohne gründliches, oft mühsames wie zeitaufwendiges Sprach- und Literaturstudium betreiben zu wollen. Vor Einseitigkeit gewarnt zu haben, bleibt ein wesentliches Verdienst Henriette Oboussiers.

An der Universität Hamburg besteht seit kurzem der Studiengang "Afrikastudien", von Dozenten verschiedener Fachrichtungen gestaltet. Damit wird nicht nur der Auftrag unterstrichen, dem sich die orientalischen Seminare mit ihrem Namen verpflichtet haben: "...für Sprachen(n) und Kultur(en)", sondern mit diesem Angebot wird den Studierenden und manchem anderen an afrikakundlichen Fragen interessierten Hörer die Geschichte und Gegenwart dieses faszinierenden Kontinents nahegebracht.

Als Henriette Oboussier am 15. Januar 1985 durch den Tod aus Plänen für neue Reisen nach Afrika sowie aus engagierter Forschungsförderung herausgerissen wurde, hinterließ sie nicht nur eine Lücke im Kreis ihrer Fachkollegen und ihrem Wirken für die Johanna und Fritz Buch-Gedächtnisstiftung, das vor allem der Förderung junger Wissenschaftler galt, sondern auch die Mahnung, daß Ergebnisse der wissenschaftlichen Forschung verständlich dargelegt werden müssen, sollen sie in die Breite der Gesellschaft wirken.

Die Vortragsreihe zu ihrem Gedächtnis, die hier der Öffentlichkeit vorgelegt wird, will ein bescheidener Beitrag sein, die Probleme der Europa traditionell am nächsten liegenden "anderen Welt" verstehen und lösen zu helfen.

Heinz Kuhlmann und Siegbert Uhlig

INTERETHNISCHE BEZIEHUNGEN AN DEN BEISPIELEN UGANDA UND MAURITIUS

Jürgen Jensen

In diesem Beitrag möchte ich ein Thema besprechen, das im Grunde für fast alle Länder Afrikas, ja der ganzen Welt - auch für uns - von Bedeutung ist: die Tatsache, daß innerhalb von Staatsgrenzen in der Regel Angehörige verschiedener, oft sogar sehr heterogener ethnischer Einheiten bzw. Völker zusammenleben. Dieser Sachverhalt steht der Idee des Nationalstaates, die im 19. Jahrhundert aufkam und heute immer noch fortwirkt, völlig entgegen. Nun erfahren wir fast täglich aus den Medien von sogenannten Rassenkonflikten, ethnischen Auseinandersetzungen, Gastarbeiterproblemen; d.h. der Sachverhalt birgt offenbar ein besonderes Konfliktpotential, so daß es dringend ist, sich mit Problemen der interethnischen Beziehungen zu befassen[1].

Auch in der Region, die eigentlich im Zentrum dieser Vortragsreihe liegt - in Nordostafrika - gibt es reichlich diesbezügliche Phänomene. Wenn ich trotzdem über zwei dazu schon etwas peripher gelegene Gebiete spreche, so deshalb, weil es Länder sind, in denen ich selbst ethnologische Feldforschungen durchgeführt habe, also einiges an Resultaten aus diesen Untersuchungen hier einfließen lassen kann.

Dabei darf ich vielleicht kurz erwähnen, worum es bei ethnologischen Feldforschungen geht[2]. Ethnologische Feldforschungen sehen so aus, daß sich ein Forscher (oder ein Forscherehepaar) längere Zeit an einem Ort aufhält, also möglichst ein bis zwei Jahre, oder auch mehrfach in einigen Abständen, um in möglichst engem Kontakt mit der einheimischen Bevölkerung durch Beobachtungen und Befragungen detaillierte Kenntnisse über die Lebensweise dieser Leute - wir sprechen dann von ihrer Kultur - zu erlangen.

Entsprechend betreffen die hier eingebrachten unmittelbaren Beobachtungen auch die interethnischen Beziehungen auf der lokalen Ebene, die Verhältnisse in Kleinregionen der beiden Länder, die ich dann mit den entsprechenden Verhältnisse auf der gesamtstaatlichen Ebene konfrontieren werde. Es wird dann erkennbar, daß sich eigenartige Diskrepanzen zwischen diesen Ebenen auftun, die der Reflektion bedürfen, bisher aber kaum auch nur ansatzweise näher behandelt wurden, und zwar deshalb, weil die interethnischen Beziehungen auf der lokalen Ebene kaum untersucht wurden. Ich werde entsprechend im folgenden für beide Länder jeweils zunächst auf die Gesamtsituation hinsichtlich der interethnischen Beziehungen eingehen, dann aber die lokale Ebene - die Gegenden, in denen ich jeweils Untersuchungen durchgeführt habe - behandeln. Ich werde dann für jedes Land die beiden Ebenen miteinander konfrontieren und abschließend ganz vorsichtige Schlußfolgerungen zu ziehen versuchen.

Hinsichtlich des Fallbeispiels Uganda möchte ich zunächst ein Panorama der ethnischen Verhältnisse dieses Gebietes im 19. Jahrhundert zeichnen, als noch niemand etwas von der Kolonie und dem heutigen Staat Uganda in den heutigen Grenzen ahnte.

Im südlichen Teil Ugandas gab es eine Reihe gößerer und kleinerer Staaten mit einer Bewohnerschaft von Feldbau treibenden Leuten mit Bantu-Sprachen. Die Grenzen dieser Staaten verschoben sich durch Abspaltungen und Eroberungen dauernd. Der mächtigste Staat war Buganda, das gerade im 19.Jahrhundert große Eroberungen machte und dabei auch kulturell etwas abweichende Gruppen in sein Territorium einbezog. Ähnlich strukturierte Staaten mit kulturell ähnlichen Bevölkerungen schlossen sich südlich an auf Gebieten der heutigen Staaten Rwanda, Burundi, Tanzania und Zaire. Weitere bantusprechende Feldbauern, den bisher erwähnten in vieler Hinsicht ähnlich, aber in kleine Häuptlingstümer gegliedert oder gar als akephale[3] Gesellschaften existierend, schlossen sich östlich und westlich an die heutigen Staaten an; sie hatten nahe Verwandte jeweils auch in den heutigen Staaten Zaire und Kenya. In weiten Teilen des zentralen Uganda lebten sprachlich eng verwandte Ethnien: Alur, Acholi, Lango, Jopadhola u.a., die sprachlich zu den Westniloten gehören, in sich in viele Häuptlingstümer untergliedert waren und als Feldbauern mit Viehhaltung lebten. Sie hatten Verwandte im südlichen Sudan, aber auch - in Gestalt der Luo - im westlichen Kenia. In den übrigen nördlichen und westlichen Teilen Ugandas lebten hauptsächlich nach sprachlichen Gesichtspunkten verwandte zentralnilotische Ethnien, die überwiegend Hirten waren und zumeist akephale Gesellschaften ohne feste Führungsinstanzen darstellten, wie die Karamojong und Jie. Diese Ethnien hatten nähere Verwandte teilweise im südlichen Sudan, teilweise im westlichen Kenia. In der heutigen Westnilprovinz Ugandas lebten neben den schon genannten auch einige wiederum einer anderen Sprachgruppe, der zentralsudanischen, angehörende Feldbauerngruppen wie die Madi. Diese hatten und haben nahe Verwandte im heutigen Zaire, im südlichen Sudan und in der zentralafrikanischen Republik. Endlich gab es jenseits des Ruwenzori auch wildbeuterische Pygmäen und im Norden die Großwildjägergruppen der Ik. Insgesamt kann man also eine erhebliche Vielfalt feststellen.

Dabei ist zu erwähnen, daß es im Verlauf der letzten 500 Jahre, die man heute wenigstens in Umrissen historisch überblicken kann, zu erheblichen Verschiebungen gekommen ist. Z.B. weiß man, daß westnilotisch sprechende Gruppen in zahllosen kleinen Wanderbewegungen aus dem Sudan bis nach Kenia gekommen sind und dabei zahllose Verbindungen mit Vorbevölkerungen eingegangen sind (Cohen 1968). Es gab neben kriegerischen Auseinandersetzungen auch zahllose Handelsbeziehungen, Bündnisse und sonstige Beziehungen; und überall gab es Ein- und Auswanderungen. Solche engen Beziehungen bestanden oft zu den kulturell relativ fremdartigen Gruppen, während andererseits kriegerische Auseinandersetzungen zwischen nahen verwandten Nachbarn häufig waren. Die ursprüngliche kulturelle Nähe oder Ferne hatte nichts mit der Enge von Beziehungen zu tun.

In dieses nach allen Richtungen offene komplexe Gefüge ethnischer Einheiten und unterschiedlicher politischer Gebilde setzte sich die britische Kolonialmacht hinein - ab 1890 - und legte in Abstimmung mit anderen

Mächten die Grenzen des Protektorates Uganda fest, was 1910 abgeschlossen war. Durch diese koloniale Aktion wurde auch das interethnische Gefüge in diesem Territorium nachhaltig umgestaltet, obwohl sich scheinbar die ethnographische Karte kaum veränderte (Kiwanuka 1968). Vieles veränderte sich in den Beziehungen der Einheiten untereinander in Zusammenhang mit der kolonialen Machtausübung. Erhebliche Teile Ugandas wurden anfangs gar nicht von den Briten selbst erobert und verwaltet, sondern dies besorgten Angehörige der zunächst durch Protektoratsvertrag britisch gewordenen Baganda aus dem Königreich Buganda; um die Jahrhundertwende legte sich zeitweilig über weite Gebiete eine Schicht von Baganda-Verwaltern, Soldaten, Kaufleuten und Missionaren, was allerdings bald zurückgenommen wurde (Jensen 1965; Roberts 1962). Die Briten förderten die Bildung von Territorien, die jeweils einer großen ethnischen Einheit zugeordnet waren: einige der alten Königreiche, wie Buganda, und einige weitere Territorien wurden unter diesem Gesichtspunkt als verwaltungsmäßige Untereinheiten konstituiert. Die Sprache einer solchen zentralen ethnischen Einheit wurde zumeist zur Schriftsprache erhoben. Zu bemerken ist allerdings, daß die kleineren ethnischen Gruppen diesen Distrikten oder Königreichen zugeschlagen wurden und dort in vieler Hinsicht benachteiligte Minoritäten gegenüber der Hauptgruppe darstellten.

Verwaltungsmäßig waren die Landesteile einander formal gleichgestellt, aber real entwickelten sich Unterschiede, wie sie vorher nicht existierten, nämlich durch unterschiedlichen Zugang zu Bildungseinrichtungen und ungleiche wirtschaftliche Entwicklungen (Richards 1969). Buganda und einige Nachbargebiete im südlichen Uganda erlebten in dieser Hinsicht einen weitaus größeren Aufschwung als die übrigen, weitgehend stagnierenden Landesteile.

Es gab aber noch weitere Veränderungen. Bei der geringen Zahl von Briten benötigte man koloniale Helfer, insbesondere als Soldaten. Als solche setzte die britische Kolonialmacht zunächst vor allem sogenannte Nubi ein - ehemalige Soldaten Emin Paschas aus der 1889 aufgegebenen ägyptischen

Äquatorialprovinz. Es war eine herkunftmäßig aus zahlreichen Ethnien zusammengewürfelte Schar, die jedoch die islamisch-sudanische Kultur akzeptiert hatte und sich in Uganda wie auch in anderen Ländern Ostafrikas aus der Soldateska heraus als neue, sehr ethnozentrisch ausgerichtete Einheit etablierte (Jensen 1985a). Seit den zwanziger Jahren wurden mehr durch eine zufällige Maßnahme die Nubi erheblich aus der Truppe verdrängt. Man verlangte das Gardemaß von sechs Fuß für die Truppe, und dies konnten überwiegend nur Leute aus dem nördlichen Uganda erbringen. Noch eine weitere Gruppe kam im Gefolge der Kolonialmacht nach Uganda, nämlich Inder, die in sich wieder in viele Sondergruppen zerfielen (Rothermund 1965). Diese konnten insbesondere den größten Teil des Groß- und Kleinhandels und mittlere Verwaltungsposten einnehmen.

Noch etwas anderes ist zu erwähnen: Als nach dem 2. Weltkrieg das zentrale Uganda, besonders Buganda, durch den Übergang seiner Bauern zum Anbau von Exportprodukten wirtschaftlich einen Aufschwung nahm, strömten aus anderen Teilen Ugandas, aber auch aus Rwanda, Burundi und Kenia, Scharen von Wanderarbeitern ein, die z.T. dann am Ort ansässig wurden, so daß sich dort - besonders im Bereich der Hauptstadt Kampala - seither eine ethnisch extrem heterogene Bevölkerung neben den einheimischen Baganda findet (Richards 1954).

Das scheinbar im Rahmen der indirekten Herrschaft bewahrte vorkoloniale interethnische Gefüge wurde in Wirklichkeit nachhaltig in den genannten Hinsichten verändert. Dies hatte dann Auswirkungen auch auf die nachkoloniale Zeit. Eigentlich schon der Prozeß der Unabhängigwerdung war mit Spannungen verbunden, die mit ethnischen Eigeninteressen zu tun hatten. Seit den zwanziger Jahren forderte die politische Vertretung von Buganda - der Kabaka, der Herrscher von Buganda, und seine Regierung - mit breitem Widerhall in der Bevölkerung, daß Buganda als eigener Staat unabhängig werden sollte. Man fürchtete, die traditionelle Vorrangstellung Bugandas, die durch die wirtschaftliche Entwicklung hier noch prononciert wurde, zu verlieren. Nur unter größten Schwierigkeiten kam eine Verfassung zustande, nach der Buganda erhebliche Autonomie zugesprochen wurde, in geringerem Maße auch den übrigen Königreichen, während die restlichen Landesteile mehr zentralistisch verwaltet werden sollten (Richards 1964).

Die erste Regierung 1962 spiegelte die Verhältnisse ebenfalls wider: Die Regierung wurde gebildet als eine Koalition der in den meisten sonstigen Landesteilen dominierenden Partei "Uganda People's Congress" (U.P.C.) und der royalistischen Partei Bugandas "Kabaka Yekka"; der Kabaka von Buganda wurde Präsident, M.Obote von der U.P.C. Ministerpräsident. Diese ganz eigenartige Struktur hielt nicht lange; es kam zu Konflikten zwischen den beiden Parteien in der Regierung, zwischen den beiden führenden Instanzen, zwischen Buganda und der Zentralregierung, über deren Ausgang im Grunde die Armee entschied. Denn die Spannungen an der Staatsspitze wurden 1966 entschieden durch den Einsatz der Armee, die den Palast des Kabaka stürmte und diesen vertrieb. Und seither - also seit 1966 - ist die Armee die entscheidende Machtinstanz in Uganda, und mit ihr sind ethnische Dominanzen über dort nicht vertretene Bevölkerungen wie besonders Buganda, sowie interethnische Spannungen innerhalb der Armee für das politische Geschehen in Uganda von grundlegender Bedeutung gewesen.

Wir erinnern uns: Die Armee, die ja von den Briten komplett übernommen war, rekrutierte sich wesentlich aus nilotischen Gruppen in Norduganda und aus Nubi - alles Leute, denen Buganda nichts bedeutete. Und gestützt auf diese Armee konnte Obote[4] die Monarchie in Buganda und in den Nachbargebieten abschaffen, Buganda als Verwaltungseinheit auflösen, das Einparteiensystem errichten und sich selbst diktatorische Vollmachten zuweisen. Die Machtergreifung Idi Amins 1971, die auf persönliche Differenzen zwischen diesem als einem von Absetzung bedrohten Militärbefehlshaber und Präsident Obote zurückging, brachte auch charakteristische Umgruppierungen in der Armee mit sich (Martin 1974). Die Lango und Acholi in der Armee, sofern sie nicht außer Landes geflüchtet waren, wurden daraus entfernt und die entsprechenden Landesteile besonders terrorisiert, während in der Armee (ebenso in anderen Schlüsselstellungen) die Nubi und die

Westnilgruppen gefördert wurden. Idi Amin gehörte nämlich vom Vater her zu den Kakwa aus der Westnilprovinz, war aber bei den Nubi, wozu seine Mutter rechnete, aufgewachsen und hatte in diesem Kreis enge Loyalitätsbindungen. Übrigens wurden die südlichen Landesteile - wie schon unter Obote - wie besetzte Länder behandelt. Ein Faktor des Niedergangs Idi Amins war, daß auch ein Teil der Westnilgruppen in der Armee, die Lugbara, entmachtet wurden und am Ende eine Gruppe vorhanden war, die als loyale Bestandteile nur noch die für Uganda marginalen Kakwa, Nubi und fremde Söldner umfaßte (Hansen 1977). Es ergab sich dann, daß der aktuelle Sturz Idi Amins 1979 durch Eingreifen Tansanias zustande kam, und daß von dort aus nach kurzen Zwischenspielen M. Obote wieder an die Macht gebracht wurde, der als Machtrückhalt wiederum eine Armee wesentlich aus Lango und Acholi aufbaute. Die neuerliche Vertreibung Obotes 1985 resultiert abermals auf Rivalitäten in der Armee; der Acholibestandteil fühlte sich von Obote zugunsten seiner unmittelbaren Gruppe, der Lango vernachlässigt. So sind im Augenblick die Acholi die dominierende Einheit[5]. Es muß betont werden: Noch jede Regierung seit der ersten Amtszeit Obotes wendete sich offiziell gegen Tribalismus, hatte zumeist Kabinette, die die ethnische Gliederung Ugandas zu repräsentieren schienen. Tatsächlich beruhten aber alle Regierungen außer den kurzen Übergangsregierungen 1979 - 1980 auf weitgehender Nichtberücksichtigung der Interessen der Bevölkerung der südlichen Landesteile, während der Erzwingungsstab: Armee, Polizei, Geheimpolizei und weitere Machtinstanzen sich jeweils aus nilotischen Ethnien Nordugandas rekrutierte; der Wechsel der Regierungen hängt wesentlich mit Rivalitäten einzelner Ethnienvertreter aus diesem Bereich zusammen, deren Normalmitglieder abwechselnd Bevorzugung und besondere Terrorisierung je nach den augenblicklichen Konstellationen im Machtapparat erfuhren.

Weitere Gruppen von Landesbewohnern wurden überhaupt vertrieben: 1972 wurden die Inder enteignet und des Landes verwiesen, einige Jahre später folgten Leute, die aus Nachbarländern Ugandas - Kenya, Rwanda usw. -

stammten. Soweit die Rolle von Stammesloyalitäten in der wenig rühmlichen neueren Geschichte Ugandas.

Wie nun sah es aber auf der lokalen Ebene aus? Gab es dort auch derartige Differenzen wie auf nationaler Ebene?

Ich habe mich 1966-67, 1970, 1972 und 1974/75 jeweils für längere Zeit im südlichen Uganda aufgehalten, und zwar zu Feldforschungen auf den Buvuma-Inseln im Viktoria-See (Jensen 1968a, 1971; Jensen & Michaelis 1975)[6].

Wie angedeutet, ist das südliche Uganda - speziell Buganda - ethnisch sehr heterogen, und dies wiederum besonders in der Hauptstadt Kampala. Hier lebten Vertreter der vielen verschiedenen Landesbewohner z.T. in besonderen Ortsteilen, z.T. auch buntgemischt. Im Ortszentrum, auf den Marktplätzen, an Bushaltestellen usw. waren sie alle zu finden.

In meinem Untersuchungsgebiet ist zunächst keine solche Vielfalt festzustellen. Dort leben die Bavuma, eine Gruppe von Fischern und Bauern. Sie sind um die Jahrhundertwende gewaltsam in das benachbarte Königreich Buganda eingegliedert worden, empfinden sich aber auch heute noch als eine besondere Einheit in Absetzung von den Baganda des Festlandes. Sie leben auf den Inseln in Streusiedlungen, zumeist in Nachbarschaftsgruppen von Verwandten auf Ländereien, wo sich schon die Dörfer ihrer Vorfahren - z.T. seit Jahrhunderten - befanden. Das tägliche Leben in den Siedlungen - sei es bei der Arbeit oder bei Festen - macht zunächst ganz den Eindruck, als seien die Bavuma weitgehend unter sich. Wenn bei Festen viele Leute aus anderen Landesteilen Ugandas kommen, so handelt es sich dabei doch um Verwandte - auch zumeist also Bavuma -, die heute anderwärts leben.

Tatsächlich aber gibt es vielerlei Kontakte und z.T. enge persönliche Beziehungen zu Angehörigen anderer ethnischer Einheiten, und zwar sowohl unmittelbar im Inselbereich wie auch bei Aufenthalten auf dem benachbarten Festland.

1. Baganda vom Festland. Entsprechend dem Status eines Randgebietes und ursprünglich eroberten Landes gelangten Baganda zumeist als höhere Verwaltungsbeamte, Pfarrer o.ä. auf die Inseln. Diese galten einerseits als Vorbilder und waren als Quelle der Verteilung von Vorteilen umworben, standen andererseits aber in dem Geruch, als Fremde nicht recht Verständnis für die Belange der Einwohner zu haben. Eigentlich wünschte man sich Einheimische in solchen Ämtern, und mit wenigen Ausnahmen war dies in den letzten Jahrzehnten auch der Fall, so daß die Probleme, die zwischen einer fremden Herrenschicht und Einheimischen entstehen, kaum noch Bedeutung hatten.

2. Inder waren auf den Inseln nur wenige vertreten. Bis 1958 hatte es einen indischen Kaufladen gegeben. Seinerzeit gab es in Buganda einen von Baganda-Kaufmannsverbänden ausgerufenen Boykott indischer Waren. Im Rahmen dessen wurde der Laden von einigen jungen Leuten niedergebrannt und der Händler verließ Buvuma. Die betreffenden Einheimischen teilten mir dann mit, daß es ihnen danach leidgetan hätte und sie die Sache als einen Dummenjungenstreich einschätzten. Ohne die Agitation wären sie nie auf die Idee gekommen, zumal sie nichts gegen den Mann persönlich hatten. Motiviert waren sie von dem Wunsch gewesen, konkurrenzlos einen eigenen Laden zu eröffnen, was sie auch taten, ohne allerdings damit Erfolg zu haben. Weiterhin hatten zwei indische Firmen - Sikh - die Lizenz, Holz auf der Hauptinsel aufzukaufen und zu verarbeiten. Die eine dieser Firmen war auch direkt dort durch ein Sägewerk vertreten, geleitet von einem der Besitzer und unterstützt von einem Sikh-Mechaniker. Die Einheimischen wollten zwar dort nicht arbeiten, weil ihnen die Löhne im Verhältnis zur Schwere der Arbeit zu niedrig waren; aber insgesamt bestand ein gutes Verhältnis zur einheimischen Bevölkerung, da es keine Reibungspunkte gab, im übrigen der Sägewerkbesitzer z.B. Bootsbauern und anderen Einheimischen manchen Vorzug einräumte und allgemein als beliebt galt. Als 1972 die Inder aus ganz Uganda vertrieben wurden, wurde der Weggang des

Sägewerkbesitzers allgemein bedauert, zumal das Sägewerk dann lange
Zeit brachlag. Übrigens wurden die Inder, denen gegenüber man bis
zur Vertreibung eine oft ambivalente Haltung entgegengebracht hatte,
in den Folgejahren im Bewußtsein der Leute des südlichen Uganda zu
einer fast mythischen Größe hinsichtlich ihrer Talente und Leistungen
aufgewertet; ich konnte dies 1974-75 immer wieder beobachten.

3.   Wanderarbeiter aus verschiedensten Teilen Ugandas gelangten in
gewissem Umfang auch auf die abgelegenen Buvuma-Inseln. Teilweise
arbeiteten sie als Holzfäller und Arbeiter für das Sägewerk (Jensen
1968b). Andere arbeiteten bei den einheimischen Bauern auf deren
Kaffeeplantagen. Einige wurden im Laufe der Zeit ansässig, indem sie
entweder zu einer einheimischen Frau als Freund zogen oder einen
eigenen Haushalt gründeten, auch dann eventuell eine einheimische Frau
heirateten. Die Wanderarbeiter wohnten meist im Gehöft ihres Arbeit-
gebers, sei es im Haus oder in einer kleinen, provisorischen selbstgebau-
ten Hütte. Diese Leute waren ins Dorfleben soweit integriert, daß sie
sich insbesondere an den häufigen Bierparties beteiligten. Die ansässig
gewordenen nahmen auch an den Familienfesten der Einheimischen teil
und übernahmen dort rituelle Funktionen. Insgesamt kann man sagen,
daß diese Leute auf dem Weg waren, in die einheimische Bevölkerung
assimiliert zu werden.

4.   Weitere Kontakte hatten speziell diejenigen Bavuma, die als Fischer tätig
waren (Jensen 1972). Sie lebten Wochen und Monate entfernt vom Dorf
in Camps auf unbewohnten Inselchen oder an sonst abgelegenen Stellen.
Dorthin kamen jedoch nicht nur die Bavuma selbst, sondern Fischer
auch aus Nachbargebieten - aus den Küstengebieten von Buganda und
Busoga, aber auch Luo aus Kenia und Leute von Tansania. Bootsmann-
schaften - bestehend aus einem Bootsbesitzer oder -pächter und bei
diesen praktisch als Angestellte tätige weitere Leute - konnten zu einer
einzigen ethnischen Einheit gehören, aber auch durchaus ethnisch
gemischt sein. Auf jeden Fall lebten die Angehörigen der verschiedenen

ethnischen Einheiten sehr eng beieinander, so daß es zu vielen persönlichen Kontakten bei der Arbeit, beim Brettspiel und bei Gesprächen kam.

Soweit die Kontakte zu Angehörigen anderer Gruppen auf den Inseln selbst. Es gab aber auch Kontakte auf dem Festland, besonders in den benachbarten Teilen von Buganda. Abgesehen von Reisen zu Verwandten, die schon dort ansässig sind, gelangen Bavuma durch Versetzung als Staatsangestellte oder wegen der Aufnahme einer sonstigen beruflichen Tätigkeit anderwärts oft für längere Zeit allein oder mit Familie dorthin. In diesem Falle ist es klar, daß für die Zeit der Ansässigkeit auf dem Festland Baganda oder Angehörige noch anderer Gruppen Nachbarn und Arbeitskollegen sind. Es zeigt sich also zunächst, daß sich entgegen einem ersten Eindruck die multi-ethnische Situation Ugandas auch auf den Buvuma-Inseln wiederfindet. Was sich hier jedoch nicht wiederfand - und das dürfte weithin auf die Welt des täglichen Lebens anderwärts im Lande übertragbar sein -, das sind die anfangs dargestellten äußerst heftigen Differenzen entlang ethnischer Linien in den zentralen Institutionen des Staates. Obwohl es in dem untersuchten Gebiet durchaus eine gewisse ethnische Schichtung gab - Baganda und Inder traten den Bavuma oft in priviligierter Position entgegen, während fremde Wanderarbeiter als sozial geringer angesehen wurden -, gab es weder in den Zeiten meiner Aufenthalte noch dazwischen gravierende Zwischenfälle, die auf ethnische Differenzen zurückgeführt werden könnten. Sogar die staatliche Maßnahme gegen die Inder fand hier keinen Widerhall.

Ich komme nun zum Fallbeispiel Mauritius. Für dort ist nichts hinsichtlich einer vorkolonialen Situation zu berichten, weil es eine solche nie gab - Mauritius war, wie mehrere weitere Inseln im Indischen Ozean, bis in die Neuzeit unbewohnt, wenn es auch asiatischen Seefahrern und dann den Portugiesen bekannt war. Nach einer ersten, von einer nur wenige hundert Personen umfassenden Besiedlung durch Holländer ab 1635 und der Aufgabe der Insel durch diese 1710, begann erst 1721 eine permanente Besiedlung durch Franzosen, die ebenso wie vorher die Holländer als Arbeitskräfte

Sklaven mitbrachten. So gab es zunächst auf Mauritius, damals "Isle de
France" genannt, als einer Kolonie Frankreichs weiße französische Siedler und
Kaufleute, und eine stets wachsende Anzahl von Sklaven, die aus besonders
unterschiedlichen Regionen dorthin verschleppt wurden: aus dem benachbar-
ten Madagaskar, dessen Bevölkerung eine wesentlich indonesisch geprägte
Kultur hatte, aus weiten Teilen Ostafrikas, aus zwei Regionen Westafrikas:
Senegal und Nigeria, sowie aus Südindien (Baker & Corne 1982).

Als in den napoleonischen Kriegen Mauritius 1810 britisch geworden
war, veränderte sich wenig. Die französische Siedlerschicht blieb erhalten, die
heterogene Sklavenschicht erhielt weiteren Zugang, während andererseits
einige von ihnen, besonders Kinder weißer Siedler mit Sklavenfrauen,
freigelassen wurden[7]. Erst 1835-38 erfolgte die allgemeine Sklavenbefreiung.
Aus dieser zunächst sehr heterogenen Schar entstand die Bevölkerungsgruppe
der Kreolen.

Zu den weißen Siedlern und Kreolen kamen im 19. Jahrhundert noch
viele weitere Gruppen, deren Nachkommen heute dort anzutreffen sind. Um
die Arbeitskraft der bisherigen Sklaven abzulösen, holte man ab 1834 und bis
zum 1. Weltkrieg indische Kontraktarbeiter aus verschiedenen Teilen Indiens
heran, von denen ein Großteil auf Mauritius verblieb (Hazareesingh 1973).
Außerdem kamen aus wieder anderen Teilen Indiens und aus einigen
Gegenden Südchinas Zuwanderer als Kaufleute nach Mauritius. Schon für die
Zeit um 1800 teilten Reisende ihren Eindruck mit, daß in Mauritius als
damaliger Drehscheibe des Verkehrs auf dem Indischen Ozean eine Vielfalt
von Völkern, wie kaum sonst irgendwo auf der Welt, anzutreffen gewesen sei
(Milbert 1912). Und bis heute kann man auf dieser Insel unter den etwa eine
Million Einwohnern eine besondere ethnische Vielfalt antreffen (Durand &
Durand 1978). So findet man außer der kleinen, aber wirtschaftlich einflußrei-
chen Gruppe der weißen Franko-Mauritianer und den Kreolen vor allem eine
große Zahl von Indern unterschiedlicher Herkunft, etwa zwei Drittel der
Bewohner. Dazu gehören vor allem nördliche Hindu, Marathi, Gujarati,
südindische Telugu und Tamilen. Dann gibt es aber auch die hier als

besondere ethnische Einheiten aufgefaßten moslemischen Gruppen aus jeweils denselben Teilen Indiens wie die genannten hinduistischen Gruppen; unter diesen bilden die nordindischen sunnitischen Moslems die große Mehrheit. Alle diese aus Indien stammenden Gruppen haben auf Mauritius ein ethnisches Identitätsbewußtsein bewahrt und weisen kulturelle Besonderheiten auf. Die Minderheit der Chinesen kann drei auch sprachlich differenzierten Gruppen zugeordnet werden. Hinsichtlich der religiösen Bekenntnisse gibt es noch weitere Differenzierungen der genannten Einheiten; aber darauf kann ich hier nicht eingehen. Anzumerken ist, daß es auf Mauritius - da es politisch nie weiter untergliedert war - auch nie so etwas wie Stammesterritorien gab. Man findet zwar ausgesprochene regionale Häufungen - Kreolen z.b. findet man mehr in den Städten des Landes und an der Küste; die größeren indischen Gruppen sind überwiegend auf dem Lande zu finden, die weißen Franko-Mauritianer größtenteils im Bereich der Stadt Curepipe, während die Chinesen und die kleineren Moslemgruppen überwiegend in der Hauptstadt Port Louis ansässig sind. Immer aber gibt es in den genannten Regionen, wo sich Vertreter einer oder mehrerer Gruppen häufen, auch noch Vertreter weiterer ethnischer Einheiten.

Hatte ich hinsichtlich Uganda dargestellt, daß seit dem Prozeß der Unabhängigkeitswerdung im politischen Leben des Landes ethnische Zuordnungen eine große Bedeutung hatten, so kann man dies auch hinsichtlich Mauritius feststellen, wenn auch nicht in derart gravierenden Formen.

Die britische Kolonialregierung hatte auch in diesem Jahrhundert wesentlich die Interessen der weißen Franko-Mauritianer und der Kreolenelite in ihre Politik einfließen lassen, während die große Masse der Bevölkerung lange Zeit kaum Einfluß auf die Gestaltung ihrer Geschichte hatte.

In den fünfziger Jahren kam es dann zur Bildung von politischen Parteien, und bald floß das Element der ethnischen Zuordnung dabei ein. Auch dort kam es deshalb zu Problemen der Schaffung einer Verfassung für die Unabhängigkeit, die 1967 kam (Riviere 1982). Als größte Partei kristal-

lisierte sich die "Partie Travailliste" - hervorgegangen aus einer allgemeinen
gewerkschaftlichen Bewegung - heraus, die bald als Interessenvertretung des
Hindu-Bevölkerungsteils galt. Eine Partei "Conseil d'Action Musulman" profi-
lierte sich als Interessenvertretung von Moslems, die seinerzeit mit den Hindu
zusammenwirken wollte; diese Parteien arbeiteten auf die Unabhängigkeit
hin.

Nun wurden jedoch von anderer Seite Befürchtungen einer Hindu-
Dominanz artikuliert, und eine weitere Partei, die "Parti Mauricien Social
Democrate", die im Kern aus einer konservativen Vertretung der Franko-
Mauritianer und gebildeten Kreolen hervorgegangen war, etablierte sich als
Interessenvertretung aller Minderheitsgruppen, also Franko-Mauritianer,
Kreolen, der südindischen Gruppen, der Chinesen und auch vieler Moslems.
Diese Partei wollte im Interesse der Vermeidung einer Hindu-Dominanz die
Unabhängigkeit überhaupt verhindern. Als diese doch - nach einigen
militanten Auseinandersetzungen in Port Louis - von Großbritannien gewährt
wurde, bildete entsprechend zunächst eine Koalition der beiden erstgenannten
Parteien die Regierung, während die Vertretung der Minoritäten in der
Opposition war. Zeitweilig änderte sich das Bild, als es 1968 gewissermaßen
zu einer großen Koalition kam, scheinbar also alle Gruppen interessenmäßig
vertreten waren. Die neue Oppositionspartei "Mouvement Militant Mauri-
cienne" - eine sich als sozialistisch empfindende Partei - sammelte Anhänger
unter den Benachteiligten aller Gruppen. So schien es eine zeitlang wesentlich
die Vertretung einerseits der mittleren und höheren Schichten, andererseits
der Unterschichten der Bevölkerung zu geben, auch als nach den Wahlen von
1981 bisherige Regierung und bisherige Opposition die Plätze tauschten. Nach
Streitigkeiten in der Regierung, die damit endeten, daß der Premierminister
die sozialistische Partei spaltete, zeichnete sich jedoch bald wieder ein anderes
Bild ab. Nach Neuwahlen 1983 gab es auf einmal eine Regierung aus der
neuentstandenen Partei "Mouvement Socialiste Militant", deren Anhänger-
schaft sich weitgehend aus Hindu zusammensetzte, und der alten Hindu-Partei
"Parti Travailliste" sowie der nur mehr kleinen, nur noch von den Franko-

Mauritianern und einigen Kreolen getragenen "Parti Mauricien Social Democrat", während alle anderen sich wesentlich von der Opposition vertreten fühlen. D.h. es besteht seither eine in den Grundzügen ähnliche Konstellation wie z.Z. der Erreichung der Unabhängigkeit. Mehr denn je häufen sich die Vorwürfe, die Regierung bevorzuge Hindus und diskriminiere, z.b. bei Vergabe staatlicher Anstellungen, die übrigen Gruppen, insbesondere aber die Moslems. Dies geht so weit, daß z.b. ein Kreole sagen konnte, es sei zwecklos, gegen einen Hindu zu prozessieren, weil diesem von den Instanzen ja doch Recht gegeben würde. So besteht bis heute, vielleicht z.Z. sogar verstärkt, in Mauritius ein Konfliktpotential auf der politischen Ebene, das zwar in den letzten Jahren nicht zu militanten Auseinandersetzungen geführt hat - es gibt dort zum Glück (abgesehen von einer kleinen "Special Mobile Force" von 800 Mann) keine Armee, das aber doch eben Unwägbarkeiten enthält, die zu Bedenken Anlaß geben, daß dieses Land von Spannungen entlang ethnischer Grenzen beeinträchtigt wird.

Wie sehen nun die interethnischen Beziehungen in Mauritius auf der lokalen Ebene aus? Nach einem ersten Aufenthalt auf Mauritius 1982 habe ich 1984 für 9 Monate eine Feldforschung in einem Dorf an der Ostküste durchgeführt (Jensen 1985b). Das Dorf hatte fast 3500 Einwohner, und unter diesen waren nicht weniger als 7 der ethnischen Einheiten von Mauritius vertreten: Kreolen, nördliche Hindu, Moslems, Tamilen, sowie mit je ein bis zwei Familien Telugu, Chinesen und Franko-Mauritianer. Es ist auch zu erwähnen, daß wohlhabendere Landesbewohner, überwiegend Franko-Mauritianer, aber auch einzelne von anderen Gruppen, an der Küste ihre Wochenendbungalows haben[8].

Die Einwohner leben von der Fischerei und der Landwirtschaft, aber viele sind auch im Handel und in Dienstleistungsberufen tätig, z.B. in den nahen Hotels.

Man kann feststellen, daß die vorhandenen ethnischen Einheiten nicht völlig regellos über das Dorf verteilt leben, sondern vielmehr kann man größere und kleinere Konzentrationen von Haushalten von Angehörigen jeweils derselben Einheit feststellen. So gibt es fünf kreolische, vier hinduistische, drei moslemische und zwei tamilische Ansammlungen von Haushalten. Diese Ortsteile mit Konzentrationen von Angehörigen bestimmter ethnischer Einheiten sind dann allerdings bunt durcheinander gelegen und weisen Mischungszonen an den Rändern auf. Diese Muster der ethnischen Gliederung von Siedlungen findet man übrigens in fast allen mauritanischen Dörfern und ebenso in den Städten als Stadtviertel.

Man kann weiterhin feststellen, daß es zwei Bereiche gibt, in denen Beziehungen hauptsächlich zwischen Personen innerhalb einer ethnischen Einheit gepflegt werden:

a) die verwandtschaftlichen Kontakte und Heiraten und

b) den religiösen Bereich.

Im Gegensatz zu afrikanischen Ethnien in Uganda und anderwärts in Afrika, wo es kaum Bedenken wegen der Heiraten zwischen Angehörigen verschiedener ethnischer Einheiten gibt, spielt dies in Mauritius eine große Rolle; jede ethnische Einheit, ja sogar jede religiöse Konfession und jede Hindu-Kaste dringt auf Heiraten nur innerhalb der eigenen Einheit. Was die religiösen Praktiken betrifft, so werden diese innerhalb der Konfessionen, die meist mit den ethnischen Einheiten übereinstimmen, durchgeführt.

Aber in dieser Hinsicht gibt es Abweichungen: Der katholischen Kirche etwa gehören die meisten Kreolen, die Franko-Mauritianer und die Chinesen des Ortes an. In diesen Fällen gibt es Kontakte auf der Basis der gemeinsamen kirchlichen Aktivitäten. Man kann auch feststellen, daß es gewisse berufliche Spezialisierungen der ethnischen Einheiten gibt. Fischer sind überwiegend Kreolen, Gemüsebauern hingegen ausschließlich Hindus und Moslems. Bungalowwächter, Hauspersonal und weibliches Hotelpersonal sind nur Kreolen, Fischhändler überwiegend Moslems; das ehemalige Monopol der Chinesen auf Kaufläden allerdings besteht nicht mehr.

So kann man sagen, daß die Angehörigen der einzelnen Gruppen jeweils hinsichtlich der intimeren Aspekte des sozialen Lebens Kontakte besonders innerhalb der eigenen Einheit haben. Dies ist jedoch nur die eine Seite der Medaille. Wenn auch - wie gesagt - die Dorfbewohner meist in der Nähe von Mitgliedern der eigenen ethnischen Einheit wohnen, hat ein erheblicher Teil der Bewohner doch auch Nachbarn von einer anderen Gruppe, und Nachbarn haben in jedem Fall miteinander tägliche enge Kontakte. Eine stark integrative Wirkung hat die Schule. Von der privaten Vorschule über die Grundschule am Ort und Oberschulen anderwärts sind die Kinder den größten Teil des Tages mit denen der anderen Gruppen zusammen. Weiterhin kann man sagen, daß ein Großteil der männlichen Bewohner des Ortes in ihren beruflichen Tätigkeiten entweder mit Angehörigen anderer Gruppen eng zusammenarbeiten oder aber doch nähere Kontakte haben. So kommt es, daß in Wirklichkeit fast jeder auch Nachbarn oder Freunde (oft schon von Kind auf) auch unter anderen Einheiten hat.

Dies hat u.a. auch zur Folge, daß bei wichtigen Familienfesten - insbesondere bei Hochzeiten - jeweils auch Mitglieder anderer Gruppen eingeladen werden und an den Feierlichkeiten teilnehmen. Ebenso beteiligen sich entsprechend Mitglieder anderer Einheiten bei Trauerfeierlichkeiten. Im übrigen kommt es trotz der allgemeinen Einschränkungen hin und wieder doch zu Heiraten zwischen den Gruppen, wobei einer der Partner bei vorher unterschiedlicher Konfession dann zumeist konfessionell konvertiert. Immerhin konnte ich 14 solcher Ehepaare im Dorf feststellen. Ebenso kommt es dazu, daß Leute an religiösen Kulten einer anderen Einheit teilnehmen, meist, um im Rahmen des Kultes von Krankheit oder anderen Übeln geheilt zu werden - dies allerdings heimlich an anderen Orten der Insel.

Es gibt auch gemeinsame Veranstaltungen von Dorfinstitutionen für alle Dorfbewohner. Der Dorfrat - für den von vornherein auch ethnisch gemischte Bewerbereinheiten kandidieren - oder die örtliche Selbsthilfegruppe und die Schule, manchmal auch beide gemeinsam, bemühen sich um übergreifende Veranstaltungen. Unter diesen sind besonders die Preisverteilungsfeste zum

Ende des Schuljahres und Weihnachtsfeiern, die von diesen Institutionen veranstaltet werden, zu nennen. Bei sportlichen und Unterhaltungsveranstaltungen allerdings gibt es insofern Einschränkungen, als Hindu- und Moslem-Frauen und -Mädchen nicht teilnehmen[9]; sonst aber sind dabei alle vertreten. Insgesamt kann man sagen, daß bei voller Bewahrung der Identität der verschiedenen ethnischen und konfessionellen Gruppen im täglichen Leben im Dorf und außerhalb diese doch weitgehend in ein kompliziertes übergreifendes soziales Geflecht eingebunden sind. Zu bemerken ist, daß jede der Gruppen auch ihre ethnozentrischen Vorurteile gegenüber anderen hat. Aber dies geht nirgends so weit, daß Toleranzgrenzen überschritten werden. Größere Konflikte im Dorf kommen wesentlich innerhalb von Konfessionen oder Familien, also innerhalb der Gruppen vor, nicht zwischen diesen.

Man kann also feststellen, daß auch in Mauritius die interethnischen Spannungen auf der politischen Ebene keine Entsprechung auf der lokalen Ebene des Dorfes haben. Dies ist der wesentliche Sachverhalt, auf den ich mit meinen Ausführungen aufmerksam machen wollte. Es ist in keiner Weise zutreffend, daß Menschen unterschiedlicher Kultur nicht zusammen in einem Staat oder einer Region leben können - diesbezügliche Aspekte der südafrikanischen Staatsideologie entbehren jeglicher Grundlage. Es zeigt sich vielmehr, daß enges Zusammenleben und persönliche Kontakte von Vertretern unterschiedlicher ethnischer Einheiten ohne weiteres gerade auch eine multiethnische Gesellschaft möglich machen. Die Probleme entstehen vielmehr erst dann, wenn insbesondere in den zentralen staatlichen Institutionen beim Ringen um Macht und die Kontrolle wirtschaftlichen Potentials sich hinter führenden Personen Loyalitäten entlang ethnischer Zugehörigkeit aufbauen, und es dann dort darum geht, einseitig auf Kosten anderer Machtpositionen zu erringen. Offenbar bauen sich solche Loyalitäten sehr schnell auf, wenn etwa - wie im Fall Mauritius demonstriert und aus vielen anderen Ländern bekannt - ursprünglich als gruppenübergreifend verstandene politische Parteien sich plötzlich überwiegend aus Angehörigen bestimmter Gruppen rekrutieren bzw. die Wählerschaft entsprechend sich verhält. Es ist erst die

Organisation ethnischer Interessen, die uns in der Welt in verschiedensten Formen konkurrierender Macht oder staatsbeherrschender Macht und sich dagegen erhebender Gegenmacht entgegentreten, und die den Eindruck erwecken, Völker würden sich grundsätzlich unversöhnlich gegenüberstehen.

Tatsächlich sind es aber gar nicht die Menschen mit ihren unterschiedlichen kulturellen Traditionen, die nicht zusammenleben können, weil sie unterschiedlich sind - vielmehr besteht bei eng zusammenlebenden Personen unterschiedlicher ethnischer oder konfessioneller Zugehörigkeit trotz durchaus bestehender gegenseitiger Vorurteile ein erhebliches Potential zu Toleranz und ein Bemühen, einen tragbaren Modus Vivendi zu finden. Es sind fehlgesteuerte Institutionen und einseitig dominierte Machtinstanzen, die Ursachen für scheinbar unüberwindliche ethnische Differenzen sind und dann auch Rückwirkungen auf Verhaltensweisen in der Bevölkerung haben können.

LITERATUR

Baker, P. - Corne,
C. 1982:   Isle de France Creole, New York.

Barth, F. (Ed.) 1969: Ethnic Groups and Boundaries, Boston.

Bentley, G.C. 1983: Theoretical Perspectives on Ethnicity and Nationality, in: SAGE Race Relations Abstracts 8/2/1-53; 8/3/1-26.

Cohen, D.W. 1968: The River-Lake-Nilotes from the Fifteenth to the Nineteenth Century, in: Ogot, B.A. & J.A. Kieran: Zamani - A Survey of East African History, Nairobi, p.142-157, 1978.

Durand, J. P. -
J. Durand 1978:   L'Ile Maurice et ses Populations, Bruxelles.

Fischer, H. 1983:   Feldforschung, in: Fischer, H.: Ethnologie - eine
                         Einführung, Berlin, S.69-80 (Ethnologische Paperbacks).

Fischer, H. (Ed.)
1985:   Feldforschungen (Ethnologische Paperbacks), Berlin.

Hansen, H.B. 1977:   Ethnicity and Military Rule in Uganda (Scandinavian
                         Institute of African Studies, Research Report 43),
                         Uppsala.

Hazareesingh, K.:   Histoire des Indiens à l'Ile Maurice, Paris 1973.

Jensen, J. 1965:   Interethnische Beziehungen und Akkulturation in der
                         frühen Kolonialzeit Ugandas, in: Sociologus 16, S. 39-52.

Jensen, J. 1968 a: Eine ethnologische Feldforschung, in: Sociologus 18, S.
                         74-77.

Jensen, J. 1968 b: Walwanda und Kiyindi, zwei lokale Zentren am
                         Viktoria-See, in: Sociologus 18, S. 123-137.

Jensen, J. 1971:   Eine zweite ethnologische Feldforschung bei den
                         Bavuma, in: Sociologus 21, S. 76-78.

Jensen, J. 1972:   Die Fischercamps am Viktoria-See, in: Sociologus 22,
                         S. 102-126.

Jensen, J. 1985 a: Die Nubi Ostafrikas: Ethnische Prozesse in kolonialer
                         und postkolonialer Zeit, in: Sociologus 35, S. 2-20.

Jensen J. 1985 b: Preliminary Report on a Social Anthropological
                         Research Project in Mauritius, in: Sociologus 35, S.
                         85-87.

Jensen, J. und
M. Michaelis 1975:   Bericht über eine dritte ethnologische Feldforschung
                         bei den Bavuma, in: Sociologus 25, S. 76-79.

Kiwanuka, M.S.M.
1968:   Uganda under the British, in: Ogot, B.A. & J.A. Kieran:
                         Zamani - A Survey of East African History, Nairobi,
                         312-333.

Martin, D. 1974:   General Idi Amin, London.

Milbert, J. 1812:   Voyage pittoresque à l'Ile de France, Paris.

Mühlmann, W.E.
   1964:   Rassen, Ethnien, Kulturen, Neuwied und Berlin.

Richards, A.I. 1954: Economic Development and Tribal Change, London.

Richards, A.I. 1964: Epiloque, in: Fallers, L.A. (Ed.): The King's Men, London, p. 357-394.

Richards, A.I. 1969: The Multi-Cultural States of East Africa, Montreal & London.

Riviere, L. 1982:   Historical Dictionary of Mauritius, London.

Roberts, A.D. 1962: The Sub-Imperialism of the Baganda, in: Journal of African History 3, 435-450.

Rothermund, I. 1965: Die politische und wirtschaftliche Rolle der asiatischen Minderheit in Ostafrika (Afrika-Studien 6), Berlin, Heidelberg, New York.

ANMERKUNGEN

1.   Die Befassung mit ethnischen Prozessen, interethischen Beziehungen und interethischen Systemen - also mit allem, was mit ethnischen Gruppen (Völkern) zu tun hat - ist ein wichtiger Aufgabenbereich der Ethnologie. Wesentliche Beiträge werden jedoch auch von Seiten der Soziologie, Volkskunde, Politologie u.a. Nachbarwissenschaften geliefert (Barth 1969, Bentley 1983, Mühlmann 1964).

2.   Als neue Einführungen in Probleme der ethnologischen Feldforschung sind Arbeiten von H. Fischer zu empfehlen (Fischer 1983, 1985).

3.   Als "akephal" werden Gesellschaften bezeichnet, bei denen es keine politische Zentralinstanz gibt.

4.   M. Obote gehört zu den Lango, einer ethnischen Einheit mit westniloti-scher Sprache, die auch zu den nordugandischen Gruppen gehört. Obote hatte damit eine gewisse ethnische Nähe zumindest zu Teilen der Armee.

5.   Die letzten Entwicklungen in Uganda seit Beginn des Jahres 1986 haben zu einer grundlegenden Veränderung der Situation in Uganda, wie sie hier noch gekennzeichnet wird, geführt. Die neue Regierung stützt sich nicht mehr auf Truppen aus dem Norden Ugandas, sondern sie hat ihren

Rückhalt wesentlich in den südlichen Landesteilen, deren Bevölkerung so lange Zeit ihren Interessen keinen Ausdruck geben konnte.

6. Verwaltungsmäßig gehörten die Buvuma-Inseln bis 1967 zum Königreich Buganda. Nach dessen Zerschlagung gehören sie zum Distrikt East Mengo, der dann 1972 in East Buganda umbenannt wurde.

7. Es gab bereits zur Zeit der französischen Herrschaft die freien Farbigen, die sich aus Freigelassenen und zugewanderten Asiaten, zumeist aus Südindien stammend, zusammensetzten. Diese Bevölkerungsgruppe wuchs im Laufe der Zeit - besonders in den ersten Jahrzehnten der britischen Herrschaft - stark an.

8. Die Bungalowbesitzer stehen weitgehend außerhalb des sozialen Lebens des Dorfes. Sie gehören einer sozialen Schicht der Besitzenden an, die Kontakte mit Dorfbewohnern wesentlich nur durch die Beschäftigung einiger von ihnen als Wächter und Dienstboten haben.

9. Es gilt als unschicklich für Frauen dieser Gruppen, an öffentlichen Veranstaltungen teilzunehmen.

TRADITIONELLE RELIGIONEN IM NORDOSTAFRIKANISCHEN SPANNUNGSFELD

Siegbert Uhlig

Wie überall in Afrika, ist die Religion auch im Nordosten des Kontinents ein wesentlicher Bestandteil des Alltags; und ebenso umgekehrt: kein Bereich des Gemeinschaftslebens bleibt von der Religion unberührt.

Ein altes Gebet der Oromo im Süden Äthiopiens, das der bekannte Hamburger Afrikanist Meinhof überliefert hat, bestätigt diese Alltagsbezogenheit[1]:

> "Gott der Erde, mein Herr, du bist über mir, ich bin unter dir; wenn mir Unglück droht, wie der Baum die Sonne über mir abhält, halte du das Unglück von mir, werde du mein Schatten! Ich rufe zu dir bei Tag, ich rufe zu dir in der Nacht; wenn der Mond dort aufgeht, verliere mich nicht aus deinem Blick, wie ich dich nicht verliere, wenn ich aufstehe; halte die Gefahr von mir, Gott, mein Herr! Du Sonne mit 30 Strahlen, wenn der Feind kommt, laß deinen Wurm auf der Erde nicht zugrunde gehen, halte deine Hand über ihm, wie wir einen Wurm auf der Erde töten können, wenn wir wollen oder verschonen, wenn es uns beliebt. Wie wir einen Wurm auf der Erde durch einen Tritt töten können, so kannst du, wenn du willst, uns auf der Erde durch einen Tritt vernichten, Gott, du trägst den Guten und den Bösen in deiner Hand, mein Herr! Gott, du hast die Tiere und die Menschen geschaffen, alle, wie sie auf der Erde sind; auch das Getreide auf dieser Erde hast du geschaffen, daß wir davon leben sollen; wir haben es nicht getan. Du hast uns Stärke gegeben, du hast uns Vieh und Samen geschenkt und unserem Vieh Stärke verliehen, wir

haben damit gearbeitet und die Saat ist uns gewachsen. - Du hast uns das Getreide wachsen lassen, die Menschen wurden satt.
Es sind Vorräte in den Häusern verbrannt, wer sie anzündete, weißt nur du! Wenn ich einen oder zwei Menschen kenne, kenne ich sie bloß, wenn ich sie mit meinen Augen gesehen habe; du aber, wenn du sie auch mit deinen Augen nicht sahst, kennst sie in deinem Herzen...
Du hast uns die Saat wachsen lassen und sie unserem Auge gezeigt; der hungrige Mann schaut sie an mit seinem Auge und ist getröstet. Wenn das Getreide blüht, schickst du Schmetterlinge (Raupen) und Heuschrecken hinein, Heuschrecken und Tauben; alles kommt aus deiner Hand, die läßt es so geschehen; warum du es so machst, weißt du.
Mein Herr! Die Menschen, die zu dir beten, verschone!...
Wenn ich dir lieb bin, so befreie mich so, ich bitte dich von ganzem Herzen darum. Wenn ich nicht von Herzen zu dir bete, erhörst du mich nicht; ich bitte dich aber von ganzem Herzen, so weißt du es und bist mir gnädig."

Bis heute hat sich an der weit in den Alltag reichenden Bedeutung der Religion in dieser Region nichts geändert, wie zahllose Erlebnisse im täglichen Leben belegen.

In dem Taxi, das den Ausländer zum Flughafen von Addis Ababa bringt, klemmt in der Öffnung, in die in unseren Autos das Radio eingebaut ist, ein ausgeblichenes, etwas kitschig-modernes Bild des heiligen Georg, der zu Pferde sitzt und mit seiner Lanze den Drachen tötet. - "Ist das denn erlaubt?", fragt der Gast den Fahrer. - Dieser lacht: "Niemand hat es mir verboten. Außerdem: Das ist das einzige, was sich nicht geändert hat in den Turbulenzen der letzten Jahre. Wenn wir nicht unseren heiligen Georg hätten, wären wir übel dran."

Es bleibt dahingestellt, was jener Taxifahrer über den äthiopischen Nationalheiligen wußte, für sein Leben hatte er auf jeden Fall Bedeutung: Er bot ihm Halt, Hoffnung, Hilfe.

Mir scheint, daß diese Antwort typisch ist für die Situation weiter Gebiete Afrikas. Freilich lassen sich zwei gegenläufige Tendenzen feststellen:

1. Auf der einen Seite kann man trotz der finanziellen Misere in vielen afrikanischen Ländern einen Zug zum europäischen, westlichen Lebensstil nicht übersehen. Der angestrebte Luxus der Oberschicht erfordert nicht nur harte Arbeit, sondern auch eine Anpassung an das jeweils herrschende politische System, um dessen ökonomische Vorteile nutzen zu können. Dabei ist man zu raschen Wechseln und ständig neuen Kompromissen gezwungen.

2. Auf der anderen Seite läßt sich eine noch vor fünfzig Jahren nicht gekannte Besinnung auf traditionelle kulturelle und religiöse Vorstellungen der Väter nachweisen. Diese Renaissance der traditionellen Religion wird nicht selten von den Repräsentanten der jungen Nationalstaaten nachhaltig gefördert, die - um dieses Ziel zu erreichen - in manchem Fall rigoros gegen christliche Missionen vorgehen.

Meist aber werden die Gegensätze in einer Art "friedlicher Koexistenz" aufgehoben, so daß der Besucher z.B. mit Erstaunen sieht, daß an der Wand *einer* Hütte Bilder von Marx und Maria einträchtig nebeneinander hängen[2].

Wenngleich die Lage in den Ländern der Region recht unterschiedlich ist und die Rückkehr zur Tradition verschiedenen Motiven entspringt - die Tatsache als solche bleibt unbestreitbar. Die traditionellen Religionen, zu denen in Nordostafrika die Stammesreligionen, das Christentum und der Islam gehören, haben als stabilisierender Faktor hohe Bedeutung[3].

I. Die Stammesreligionen

Insgesamt nimmt die Relevanz der Stammesreligionen, bedingt durch die Schulbildung der jüngsten Generationen, durch die Zivilisation, durch die

Mission, aber auch durch die Entwurzelung der Menschen infolge der Landflucht seit Jahrzehnten ab. Daneben gibt es aber Beispiele, wo die animistische Religion zum Symbol des nationalen Kampfes - z.B. gegen den Islam - geworden ist. Dies ist im Süden des Sudan und (außerhalb unserer Region) in Burkina Fasso zu beobachten.

Drei Beispiele sollen belegen, daß zwischen den religiösen Vorstellungen der ursprünglich schriftlosen Ethnien Nordostafrikas und der Entwicklung zu einer modernen Gesellschaft eine natürliche Spannung herrscht.

1. Wie generell in Afrika, so war das Amt des Regenmachers auch in unserer Region, so z.B. im Sudan, in Uganda, aber auch in Tansania mit erheblichem Prestige ausgestattet[4]. Nach der Vorstellung der Afrikaner war die magische Kraft der Regenmacher von ausschlaggebender Bedeutung für die Fruchtbarkeit des Landes und somit für Wohlstand oder Armut. Die in der Regel ausreichende Regenmenge auf der Insel Bukerebe im Viktoriasee wurde z.B. mit der Aussage begründet: "Wir haben viel Regen, weil wir berühmte Regenmacher haben"[5]. Für die zentrale Funktion spricht auch die wiederholt geäußerte Annahme, daß ursprünglich der König der oberste Regenmacher war[6]. Doch seit dem Schwinden der afrikanischen Königreiche und der Stammesorganisation (auf Tansania bezogen vor allem seit der Unabhängigkeit des Landes im Jahre 1961) ist die herausgehobene Stellung des Regenspezialisten stark zurückgegangen. Heute bitten bei längeren Dürreperioden allenfalls ältere Leute um das Regenritual, das dann auch eher im privaten Kreis gehalten wird. Ein weiterer Grund für das Zurücktreten der Zeremonie ist der Verlust des Glaubens an geistbelebte Naturelemente wie Hagel und Blitz. Durch die naturwissenschaftliche Bildung wie durch den Einfluß der christlichen und der islamischen Mission hat sich die Einstellung zum Regenritual grundlegend geändert[7].

2. Die Fruchtbarkeit der Frau ist von elementarer Bedeutung. Kinderlosigkeit verhindert persönliche Unsterblichkeit. Wer soll nach dem Tode von Mann und Frau, wenn die Nachkommen fehlen, die rituelle Verbindung zu den Verstorbenen aufrechterhalten[8]? Daher gilt die Sterilität der Frau als

irreparabler Schaden. In der Regel wird der Mann die unfruchtbare Frau entlassen und eine andere - zumindest aber weitere - Verbindung eingehen. Je größer die Zahl der Kinder und vor allem der Söhne, die den Ahnenkult pflegen können, desto gesicherter ist das Weiterexistieren nach dem Tode. Wenn meist auch praktische Notwendigkeiten der Arbeitsteilung eine große Familie erfordern: Die Großfamilie wurde immer religiös begründet. Zwar geht in manchen Ländern die Kinderzahl bei der Oberschicht zurück, doch ändert dies weder etwas an der Auffassung noch an der Geburtenzahl breiter Volksschichten. So liegt die geschätzte Nettozuwachsrate in Afrika bis zum Jahre 2000 jährlich bei etwa 2,9 %; sie ist die höchste der Welt (Weltdurchschnitt: 1,8 %, vgl. Asien und Ozeanien: 1,9 %)[9]. Diese Entwicklung läßt sich auch an der Gesamtfruchtbarkeitsrate ablesen, die nach Schätzungen bis zum Jahre 2000 in keiner Hauptregion der Erde so hoch sein wird. 1975 gebar die afrikanische Frau durchschnittlich mehr als sechs Kinder, im Jahre 2000 werden es immer noch mehr als fünf sein[10]. In demselben Zeitraum (1975 - 2000) wird die Sterblichkeit in keinem anderen Erdteil so stark zurückgehen, nämlich um annähernd 50 %[11]. Die Kehrseite der verbesserten medizinischen Betreuung und der ausreichenden Versorgung mit Lebensmitteln, die jeder Europäer aus humanitären Gründen wünscht, hat eine gewaltige Bevölkerungsexplosion zur Folge, der kein Nahrungsmittelanbauprogramm gewachsen ist[12]. Die faktische Ausweglosigkeit der Lage zeigt sich darin,daß die Zivilisation die Lebenschancen vieler Menschen in Afrika spürbar anhebt, daß aber auf der anderen Seite die traditionellen religiösen Vorstellungen eine wirksame Familienplanung verhindern oder zumindest hemmen.

3. Ein tragendes Element afrikanischer Religion ist die rhythmischzyklische Deutung der Lebenszeit des Menschen[13]; sie weist Parallelen zum Tages- und Jahreskreislauf auf: Zeugung (wobei die Verbindung zu den Ahnen in vielen Fällen hervorgehoben wird[14]) - Geburt - Initiation und Aufnahme in die Stammesgemeinschaft - Eheschließung - Tod - Gemeinschaft mit den Ahnen. Damit verbunden ist eine konkrete, an tatsächlich erlebten Ereignissen orientierte Zeitvorstellung. *Die* - abstrakte - Zeit spiegelt sich in

den Denkkategorien des Afrikaners meist nicht wider. Das wiederum führt
in der Konsequenz dazu, daß die Vergangenheit - und zwar soweit der
Betrachter die Generationen überblicken kann - und die eben erlebbare
Gegenwart relevant sind; bedeutungslos dagegen ist die Zukunft, falls sie in
der Ferne liegt: "Die Zukunft scheidet praktisch aus, da in ihr liegende
Ereignisse nicht stattgefunden haben, unverwirklicht sind und daher keine
Zeit darstellen können"[15]. Dieses zweistufige Zeitdenken zeigt sich darin, daß
in vielen schwarzafrikanischen Sprachen Lexeme oder idiomatische Wendun-
gen für die Beschreibung der fernen Zukunft fehlen[16]. Die überschaubare
Zukunft umspannt (nach Mbiti) sechs Monate, höchstens aber wenige Jahre.
Was jenseits dieser Zeitspanne liegt, erweckt schwerlich das Interesse des
Afrikaners.

Jeder Anflug von Überheblichkeit des Europäers wäre fehl am Platze,
zumal sich vergleichbare Denkstrukturen auch in nichtafrikanischen Kul-
turkreisen finden. Auf der anderen Seite aber müssen Europäer, die nicht
selten ihre langfristigen Entwicklungsprojekte den afrikanischen Gesellschaf-
ten überstülpen möchten, diese Zeitvorstellung kennen und berücksichtigen.
Nach meiner Kenntnis ist die zweistufige Denkweise im nordostafrikanischen
Raum vor allem bei den nichtsemitischen Ethnien, also den Niloten und
Kuschiten ausgeprägt, wofür Mbiti das Beispiel der Kamba und Kikuju in
Kenia anführt[17]. - Ein Wirtschaftsfachmann, der die Projekte der "Deutschen
Gesellschaft für Technische Zusammenarbeit" gut kennt, berichtete von dem
Projekt einer Genbank für Saatgetreide, das die Bundesregierung seit 1976 in
Zusammenarbeit mit dem "Institute of Agricultural Research" in Äthiopien
fördert und das sich in der Phase der Erprobung befand[18]. Auf die Frage nach
dem langfristigen Erfolg des Vorhabens antwortete er: "Manchmal hat man
den Eindruck, daß nicht die Forschung, sondern nur ihr Resultat interessant
erscheint. Vielleicht sind unsere Planungszeiträume zu lang; dazu fehlt den
einheimischen Wissenschaftlern noch die Spannung." Es mag sein, daß diese
Beurteilung zu skeptisch ist, tatsächlich aber haben Forschungs- oder
Wirtschaftspläne von fünf oder gar zehn Jahren wenig praktische Bedeutung

für einen Afrikaner. - Entwicklungshilfe, die auf bleibenden Erfolg zielt, muß die traditionellen Vorstellungen der Menschen in Afrika berücksichtigen, sonst werden immer wieder teure Entwicklungshilferuinen entstehen, die das Gewissen der Europäer beruhigen, aber an den Realitäten in Afrika vorbeigehen.

Selbst elementare und dringend benötigte auswärtige Hilfe kann die sensiblen Strukturen afrikanischer Gesellschaften zerstören. Dafür zwei Beispiele:

1. Europäische Hilfsorganisationen haben in den letzten Jahren in großem Umfang Getreide in die Hungergebiete Äthiopiens und des Sudan geliefert. Abgesehen davon, daß wegen des Mangels an Straßen, Lastwagen und Benzin nach Aussagen afrikanischer und europäischer Gewährsleute vereinzelt ganze Schiffsladungen ins Meer gelöscht werden mußten, da das feuchtheiße Klima an der Küste des Roten Meeres längere Liegezeiten nicht zuläßt, ist ein unbeabsichtigtes Ergebnis, daß die einheimischen Bauern, die in einer quasi religiösen Beziehung zum Boden und seinem Ertrag standen und häufig noch stehen[19], ihr relativ teures und dazu minderwertigeres Getreide nicht verkaufen können. Die Folge kann langfristig eine Vernachlässigung des Getreideanbaus in verschiedenen Regionen Nordostafrikas sein, wie dies beispielsweise im Sudan bereits nachzuweisen ist.

2. Meliorations- und Aufforstungsprojekte konnten in verschiedenen Gebieten unserer Region guten Erfolg erzielen. Als jedoch die Pflanzungen wuchsen, vergrößerten die Nomaden (für die das Schlachten des Tieres ursprünglich ein religiöser Akt war) ihre Herden, zumal ein großer Tierbestand nicht nur Zeichen des Wohlstandes, sondern vor allem sichtbarer Beweis des Segens der Götter ist. Damit aber wurde eine unbeabsichtigte Reaktion ausgelöst: Die Tiere, allen voran die Ziegen, fraßen das Blattwerk der Jungbäume ab[20], und viele Bäume gingen ein. Wieder fehlte das Futter; die Herden mußten reduziert werden, und der Hunger kehrte in die Hütten oder Zelte zurück.

Erstes Ziel muß daher bei allen Vorhaben die Bewahrung des religiös-ökologischen Gleichgewichts sein. Es geht um die Bewahrung des Ganzheits- und Bundesverhältnisses von Erde, Vegetation, Herde und Sippe.

Zusätzlich zu diesen fast unausweichlichen Spannungen zwischen moderner Gesellschaft und Stammesreligion treten hin und wieder Krisen auf, deren Ursache eine politische Entscheidung afrikanischer Politiker ist. So gewann mancher Beobachter zeitweise den Eindruck, als hätte die Zentralregierung Äthiopiens versucht, mit *einer* Aktion zwei potentielle Gegner zu schwächen, wobei für die entsprechenden Vorhaben ausschließlich humanitäre Gründe genannt wurden. Die Oromo siedeln im Süden des Landes: ihr Gebiet reicht bis nach Kenia; im Südosten sind sie Nachbarn der Somali, und jederman weiß, daß Äthiopien mit Somalia einen Grenzkrieg führte. Wie seit jeher, lassen sich die Oromo auch heute nur widerstrebend der amharischen Zentralgewalt unterordnen. Ihre Aversion gegen die Amharen hat geschichtliche Wurzeln, zumal man lange Zeit etwa zwei Drittel ihres Siedlungsgebietes an die äthiopische Kirche, an amharische Edle und aus dem Dienst ausgeschiedene Offiziere des Kaisers übergeben hatte[21]. Auch heute gibt es eine - übrigens überwiegend islamisch bestimmte Befreiungsbewegung der Oromo[22]. Selbst dann, wenn es sich nicht um eine einflußreiche Gruppierung handeln sollte, besteht kein Zweifel daran, daß die Oromo - zumal als Grenzvolk der Somali - einen destabilisierenden Faktor der äthiopischen Politik darstellen. Die Oromo, die seit dem 19. Jahrhundert christianisiert wurden, scheinen sich in einigen Gebieten (vor allem im Osten) wieder stärker dem Islam zuzuwenden[23]. Auch dies dürfte zum Teil seinen Grund in der Abwehr amharischer Dominanz haben[24]. Die Zentralregierung hat in den vergangenen Jahren mehrfach in großem Umfang christliche Sippen - wie dies (was meist vergessen wird) auch schon vor 1974 geschah - aus den Hungergebieten des Nordens in den Süden umgesiedelt. Die Eritreer, die in den Bergregionen des Nordens Befreiungs- und Separationsbewegungen unterhalten, sollen zum Teil unter Druck in den Süden verbracht worden sein. Da die Umsiedlungsaktion auch in Jahren relativer Fruchtbarkeit - wenn auch in geringerem Umfang - fortgesetzt wird und von manchen Beobachtern der Verdacht geäußert wird, daß der Hunger nicht der alleinige Grund der Umsiedlung sei, sprechen Kenner von einem geschickten Schachzug. In der neuen Umgebung, dem feuchtwarmen Klima des Südens, fühlen sich die Christen wie im Ausland, sie sind unsicher, politisch und sozial geschwächt; die Pflege ihrer alten Traditionen scheint in den neuen Siedlungsgebieten in der ihnen vertrauten Weise kaum möglich zu sein. Es kommt zu Auseinandersetzungen zwischen Umsiedlern und Einheimischen. - Die Oromo könnten - wie die Christen im Norden - entweder ihre alte und ethnologisch hochinteressante Stammesreligion[25] oder ihren muslimischen bzw. christlichen Glauben und ihre eigenständige Kultur pflegen. Es bleibt zu hoffen, daß sie nicht ständig als unbequeme Grenzlandbewohner betrachtet und (wie auch zur Zeit des Kaisers) in der Entfaltung ihrer Kultur und Religion eingeengt werden.

II. Der Islam

Wie überall in Nordafrika, kommt dem Islam seit jeher auch in unserer Region eine dominierende Rolle zu[26]. Zusammen mit der traditionellen äthiopischen, überwiegend semitischen Kultur und der äthiopischen Kirche trug auch der Islam dazu bei, daß Äthiopien unter politischem wie religionssoziologischem Aspekt einen eigenständigen Weg verfolgte. Während in den Nachbarländern Sudan und Somalia der Islam das Staatswesen bestimmt, wuchs ihm in Äthiopien eine derartige Rolle nie zu. Im Gegenteil haben die Studenten der Zammaččā-Kampagne[27] 1974 und 1975 aus Furcht vor der Verdächtigung, muslimische Agitatoren zu sein, in der Öffentlichkeit Kreuze und Bibeln bei sich getragen[28]. Das neue Regime in Addis Ababa wertete in einem Akt der Gleichstellung der Religionen bereits im Dezember 1974 den Islam ostentativ auf, indem es verschiedene islamische Feste (so z.B. den Geburtstag Mohammeds) zu Staatsfeiertagen erklärte. Fortan saßen bei offiziellen Anlässen nicht nur der Patriarch der äthiopischen Kirche, sondern auch der höchste islamische Würdenträger Äthiopiens an der Seite des

Staatsführers[29]. Der Islam bzw. die arabische Kultur prägen das gesamte Küstengebiet und den Südosten des Landes, so auch den lange umkämpften Ogaden. Merkwürdigerweise gilt das aber auch für die Grenze des christlichen Nordens. So pflegen wichtige Befreiungsorganisationen Eritreas, die zum Teil bereits gegen die Zentralmacht von Kaiser Ḥāyla Śelāssē aufbegehrten, gute Beziehungen zu jeweils verschiedenen arabischen Nachbarländern, die in der Regel keine religiöse Begründung haben. Tatsächlich unterstützen arabische Länder sie finanziell und logistisch. Damit aber kommt dem Islam in dieser Region eine keinesfalls nur religiöse und kulturelle, sondern vor allem eine politische Funktion zu. Die Ansätze zur Arabisierung verschiedener Gebiete hat auch den "Derg" auf den Plan gerufen. Seit 1977 gibt es eine Reihe offizieller Verlautbarungen, die von "arabischem Imperialismus" sprechen und arabische Staatsoberhäupter als "Feinde des äthiopischen Volkes" bezeichnen[30]. Vielleicht ist es nicht übertrieben, wenn führende Politiker des gegenwärtigen Regimes in Äthiopien ihr Land als letztes Bollwerk gegen den Islam in Ostafrika verstehen, ein Argument, das man bei der Unterstützung mancher Befreiungsbewegung im Norden und Süden Äthiopiens durch die arabisch-islamischen Nachbarn verstehen kann[31]. Es gehört nicht viel Phantasie dazu zu prognostizieren, daß der muslimische Einfluß auch in Zukunft in Nordafrika eine Kraft von erheblicher, vermutlich sogar wachsender Dominanz sein wird.

Andererseits sind bei aller Bedeutung des Islam (vor allem in den staatstragenden Ländern Afrikas) auch hier gewisse Säkularisierungstendenzen zu erkennen, die die Spannung zwischen orthodoxen islamischen Kräften und der Anpassung an das moderne gesellschaftliche Leben widerspiegeln.

Ein Beispiel ist die auf den Sudan bezogene 1982 erschienene Studie von Ellen T. Ismail[32]. Zwar leben, entsprechend der islamischen Tradition, die meisten sudanesischen Frauen nach wie vor in sozialer Abgeschiedenheit und Abhängigkeit, doch sind in einigen Gesellschaftsschichten Änderungen zu erkennen, die auch eine religiöse "Emanzipation" zur Folge haben.- Während nach der islamischen Tradition Frauen z.B. nur mit Erlaubnis des Ehemannes, des Vaters oder eines Wächters aus dem Haus gehen dürfen[33], verlassen heute die meisten sudanesischen Frauen der Mittelschicht ohne Einschränkung in Begleitung weiblicher Verwandter, Nachbarn oder ihrer Kinder den eigenen Hof.

Als zweites Beispiel mag die Praxis der weiblichen Beschneidung dienen. Traditionell ist die muslimische Frau im Sudan ohne Beschneidung nicht vorstellbar[34], doch treten heute schärfere Formen wie die radikale "pharaonische" Infibulation, mehr und mehr aber auch die sogenannte Sunna-Zirkumzision in einem Maße zurück, daß vermutlich im Verlauf von ein oder zwei Generationen in den Städten die Praxis der weiblichen Beschneidung völlig außer Übung gekommen sein wird.

Mit diesen Feststellungen soll nicht etwa der Eindruck erweckt werden, als gäbe es einen starken Trend zur Glaubenslosigkeit im islamisch bestimmten Gebiet Nordafrikas, vielmehr betrifft die "Säkularisation" fast ausschließlich Bereiche des persönlichen Lebens, in denen die Gläubigen früher ihre Freiheit eingeschränkt sahen[35]. Die stringente und kasuistisch konzipierte islamische Weltanschauung wird trotz der Absage an gewisse orthodoxe Vorschriften auch weiterhin das Leben in weiten Gebieten Nordostafrikas prägen[36].

III. Die christlichen Kirchen

Bei der Behandlung der christlichen Kirchen ist zu beachten, daß die Qualifizierung als "traditionell" für keine Kirche der Region in dem Maße gilt wie für die äthiopische Kirche. Dennoch ist es für das Verständnis der afrikanischen Situation notwendig, auch die jüngsten Entwicklungen der Missionskirchen in diese Betrachtung einzubeziehen, wenigstens in dem Umfang, daß Schlußfolgerungen zu ziehen sind. Typisch für die neuere Entwicklung Afrikas ist die Aruscha-Deklaration vom 5. Februar 1967, in der der Katholik Julius Nyerere von Tansania sein Programm des Sozialismus und Selbstvertrauens vorgelegt hat. Damit wurde ein neuer Weg der Kirchen eingeschlagen, der zu ihrer Verselbständigung führte. Eine Folge war die Übernahme vieler Kirchenschulen durch staatliche Organisationen[37]. Allerdings duldeten afrikanische Regierungen in Teilbereichen der sozialen Arbeit auch weiterhin die Aktivitäten der Missionskirchen im Erziehungswerk, so z.B. bei der Ausbildung von medizinischem Fachpersonal. In manchen Ländern kam es freilich während der letzten Jahrzehnte zu schweren Auseinandersetzungen zwischen den Staaten und den Missionen, wenn diese auch selten solche Ausmaße wie in Uganda, in Zaire oder Malawi annahmen[38]. In den Kirchen selbst hat seit dem Zweiten Weltkrieg - und dies läßt sich auch in der katholischen Mission feststellen - eine klare Nationalisierung der christlichen Organisationen um sich gegriffen. Die Leitung der Kirchen liegt überwiegend in den Händen einheimischer Führer. Damit ist der Vorwurf der Liaison zwischen Kolonialmächten und Kirchen endgültig aus der Welt geschafft. Das Engagement der afrikanischen Kirchen im sozialen und im Ausbildungsbereich ist beträchtlich. Die Eigenständigkeit zeigt sich in einer starken "Nationalisierung" oder "Afrikanisierung" der Liturgie, der Verfassung und auch in Teilbereichen der Theologie.

Eine der interessantesten Entwicklungen macht zur Zeit die äthiopische Kirche durch. Bis zur Revolution im Jahre 1974 standen Kaiserhaus und Kirche in enger Verbindung. Zwar gab es durchaus kritische Stimmen aus den Reihen des Klerus an der praktisch unumschränkten Herrschaft des Kaisers und seiner Regierung, doch läßt sich kein vergleichbares Beispiel in der jüngsten Geschichte für eine derartig eng umfassende Verflechtung zwischen Krone, Aristokratie und Kirche anführen. Die Machtansprüche des Kaiserhauses wurden religiös begründet[39]; auf der anderen Seite beruhte die ökologische Macht der Kirche auf den Übereignungen beträchtlicher Ländereien, die die Kaiser im Verlauf vieler Generationen vorgenommen hatten[40]. Die aus dieser Verbindung entstandene Verklammerung von Thron und Altar hatte zur gesellschaftlichen Klassifizierung der Äthiopier beigetragen, die dadurch noch verschärft wurde, daß viele Offiziere, die Amharen waren, vom Herrscherhaus mit Land belohnt wurden. - Als die Militärs 1974 an die Macht kamen, fiel es ihnen nicht schwer, die Unzufriedenheit des armen Landvolkes, aber auch der Intelligenz zu nutzen, die sie zugleich geschickt gegen die Kirchenführer richteten. Die Bodenreform vom 4. März 1975 verstaatlichte entschädigungslos die gesamte landwirtschaftlich genutzte Fläche und versprach den Kleinbauern, daß sie je eine Parzelle von 10 Hektar Größe nutzen könnten. Das bedeutete zugleich, daß der Kirche mit einem Schlag die ökonomische Basis entzogen war, was sich nur deshalb nicht verheerend auswirkte, weil die Priester nach dem Prinzip: "Dem das Land, der es bebaut" die Äcker weiter nutzen konnten. Die Kirche war völlig unvorbereitet in diese dramatischen Ereignisse geraten. Als im Februar 1976 gar der Patriarch Tēwoflos vom Derg abgesetzt wurde, schien der sozialistische Staat sein Ziel erreicht zu haben: die Entpolitisierung und Entmachtung der Kirche. Die neuen Machthaber hatten diesen Schritt vorbereitet. Bereits im August 1974 war die Kirche zur rückständigen, alle Reformen behindernden Institution erklärt worden, als Kirche des Kaisers[41]. Als dieser im September schließlich abgesetzt worden war, war nicht nur die Trennung von Staat und Kirche vollzogen und das Christentum zur Privatangelegenheit erklärt, sondern zugleich die Kirche diskreditiert.

An die Stelle des bisherigen Amtsinhabers, der inhaftiert wurde und von dem niemand weiß, ob er noch lebt, wurde ein neuer Patriarch, Abuna Takla Hāymānot eingesetzt. Er ist die Gestalt des großen Schweigers. Bei Audienzen sprechen die anwesenden Bischöfe und sein Sekretär - er selbst nickt und lächelt verbindlich. Sind er und die Bischöfe Äthiopiens der Herausforderung gewachsen[42]? Die Machthaber haben nach 1974 zunächst versucht, die Kirche aus der Öffentlichkeit in ihre Räume abzudrängen[43]. Tatsächlich stellt sich die Frage, ob die Kirche zerbrochen, als reaktionär zum Scheitern an der Geschichte verurteilt ist. Auf den ersten Blick scheint es so. Wer sich aber genauer informiert, ist überrascht von der ungebrochenen Lebendigkeit des kirchlichen Lebens. Dies gilt auch für die gesellschaftlich-politische Rolle der Kirche. Während man 1974 durchaus der Meinung sein konnte, daß die Einheit der äthiopischen Völkergemeinschaft wegen der Verbindung der

Kirche zum Kaiserhaus mit dessen Entmachtung zerbrechen würde, scheint heute die äthiopische Kirche zum "Hoffnungsträger" der staatlichen Einheit geworden zu sein, eine Einsicht, die auch in der politischen Führung des Landes um sich zu greifen scheint.

Die Situation der Kirchen in anderen sozialistischen Ländern vor Augen, erlebt der Besucher das Ṭemqatfest mit. Ṭemqat, das Fest des Gedächtnisses an die Taufe Jesu, ist ein Hauptfest, das wie kaum ein anderes christliche und nationale Elemente verbindet. Wer als Europäer damit rechnet, daß sich ausschließlich ältere Menschen um die Priester und ihre liturgischen Gesänge scharen, ist überrascht: Zehntausende, vielleicht gar Hunderttausende säumen die Straßen oder schließen sich der Prozession an und strömen auf die freien Plätze und Wiesen - eine Wallfahrt ohne Ende. So viele Menschen sind unterwegs, daß man unmöglich gegen den Strom der Prozession laufen kann. Polizisten in Uniform sperren die Straßen für sämtlichen Verkehr. Am Straßenrand werfen sich Männer und Frauen zu Boden und küssen die Erde. Kein Foto ist in der Lage, die Menge zu erfassen. Der Besucher kann kaum verstehen, daß so viele junge Menschen - unter ihnen selbst Polizisten in Uniform - der Wallfahrt das Geleit geben. Ein junger Polizist verneigt sich und küßt das eiserne Gitter einer Kirche. Seit einiger Zeit, so berichtet man, strömt die Jugend wieder in die Kirchen, Studenten, die wochentags Marx und Engels unter dem Arm tragen. Sofern dies nicht blanke Oppositionsgebärde ist, berechtigt eine solche Beobachtung zur Hoffnung für die Kirche: Die Trennung von Staat und Kirche ist - und dies war vom neuen Regime nicht beabsichtigt - zur Chance der Erneuerung einer erstarrten Kirche geworden.

Nachdem manche ausländische Schulen verstaatlicht oder anderen Zwecken zugeführt wurden, findet die heranwachsende Intelligenz in nicht wenigen Fällen in konfessionell geführten Schulen ihre Ausbildung. Ein Zeichen des Wiedererstarkens der Kirche sind beeindruckende Zahlen der kirchlichen oder theologischen Publikationen und der kirchlichen Bauvorhaben. Tatsächlich entspräche es nicht der Wahrheit, würde man von einer Unterdrückung der äthiopischen Kirche sprechen. Gerade in diesem spannungsgeladenen Land Nordostafrikas erweist sich die alte Religion als in den Herzen vieler Menschen so tief verwurzelt, daß man es nicht für ausgeschlossen halten kann, daß auch künftig die Koexistenz von Kirche und sozialistischem Regime fortbestehen wird, zumal die neuen Inhaber der Zentralgewalt kaum auf den einigenden Einfluß, den die Kirche ausübt, auf Dauer verzichten kann[44].

Die Kirche ist die große Hoffnung weiter Bevölkerungsschichten. Ihr und ihren Vertretern gehört das Vertrauen der Bevölkerung, so daß sie in den Nordprovinzen bis zu 80 % der Vorsitzenden der Bauerngenossenschaften stellen. Andere Hoffnungen, die in der Euphorie der Revolution aufgeflammt waren, sind weitgehend verflogen. Manche ausländischen Berater, die die Militärs ins Land riefen, haben die Sympathie der Bevölkerung verspielt. Am Abend wagen sich einige von ihnen nur in Gruppen auf die Straße.

In diesem Zusammenhang ist z.B. typisch, wie jüngere Schriftsteller alte Traditionen aufgreifen und diese völlig neu deuten. Im Flugzeug, im Bus, auf der Straße und in Privathäusern spricht man über das Werk eines Schriftstellers. Provozierend stellt man die Frage: "Kennen Sie die Deutung des Masqalfestes?" - Falls der Besucher verneint, erhält er eine Erklärung, die nur wenig mit der christlichen Tradition zu tun hat: "Das Feuer, das man am Vorabend überall entzündet, ist das Feuer gegen die Feinde des Volkes. Es wird brennen, bis sie aus dem Lande sind."

Die Kirche beteiligt sich nicht an den Auseinandersetzungen zwischen dem Regime und gewissen oppositionellen Kräften, denn sie will allen gesellschaftlichen Gruppen dienen. Gleichwohl geht sie gestärkt aus den Spannungen und Diskussionen der äthiopischen Gesellschaft hervor. Parteifunktionäre müssen zur Kenntnis nehmen, daß junge Menschen in Scharen in die Kirchen strömen, während sie nur unter Druck zu politischen Versammlungen erscheinen. Dennoch muß die Frage gestellt werden: Ist die Kirche gerüstet für die Herausforderungen, die Gegenwart und Zukunft an sie stellen? Vor allem Geistliche sind mit der Verfassung ihrer Kirche nicht selten unzufrieden. Die Bildung des Priesterstandes erscheint ihnen völlig unzureichend. Der Text der äthiopischen Bibel bedarf an vielen Stellen der Revision, des kritischen Vergleichs mit der Urfassung, und äthiopische Theologen fordern eine solche Arbeit seit langem, aber manche Kirchenführer lehnen derartige Bestrebungen als protestantisch oder reformistisch ab. Ein prominenter Geistlicher kleidete seine Sorge in die Worte: "Es reicht nicht aus, daß die Leute wieder in die Kirche kommen; wenn wir schlafen, bleiben sie nicht."

Gleichwohl, die Zeichen zur Neubelebung des Christentums in diesem alten Kulturland Afrikas sind ermutigend. Viele Entwicklungen verlaufen hier anders als in manchen Regionen des Kontinents. Dies gibt zu der Hoffnung Anlaß, daß Äthiopien einen nationalen Weg zu seiner Entfaltung findet, in dem die Repräsentanten des Staates das stabilisierende und einigende Element der Kirche anerkennen und die älteste Kraft dieses Vielvölkerstaates als gleichberechtigten Partner akzeptieren.

Wenn wir nach der gesellschaftlichen Bedeutung der traditionellen Religionen in dieser Region, die von gewaltigen Umwälzungen betroffen ist, fragen, so kann man vielleicht mit einigen zusammenfassenden Thesen antworten:

1. In vielen afrikanischen Ländern findet sich seit Jahrzehnten bei allem Streben nach Modernisierung, Industrialisierung und an Europa anschließenden Wohlstand eine Restauration der traditionellen Religionen, der die Aufgabe zukommt, den von ständigen Wechseln geschüttelten Ethnien ein Minimum an Stabilität und Einheit zu vermitteln.

2. Die Stammesreligionen, deren Bedeutung im alltäglichen Leben durch moderne Bildung, Eingang der Zivilisation und Mission in großem Umfang zurückgedrängt worden ist, stehen in Spannung zu verschiedenen Tendenzen der gesellschaftlichen Entwicklung, sie bestimmen aber nach wie vor viele Bereiche des täglichen Lebens und Denkens. Auf die religiöse Tradition der

Ethnien muß die europäische Entwicklungshilfe Rücksicht nehmen, will sie nicht mit ihren Projekten scheitern.

3. Zusätzlich zu den in der Natur der gesellschaftlichen Fortentwicklung liegenden Spannung verursachen einschneidende politische Brüche wie Staatsstreiche und Revolutionen erhebliche Erschütterungen im geistigen und innenpolitischen Gleichgewicht der Länder, die dann eher verarbeitet werden können, wenn die Religionen als einigendes Band der Ethnien fungieren.

4. Der Islam gewinnt durch seine straffe gesellschaftliche und kulturelle Ausrichtung auch in nicht voll islamisierten Ländern mehr und mehr an Bedeutung. Auf der einen Seite lösen sich Kreise mit westlicher Bildung und in gehobener sozialer Stellung von strengen islamischen Vorschriften, was aber andererseits auf den starken Widerstand restaurativer Kräfte diesseits wie jenseits des Roten Meeres stößt.

5. Die christlichen Kirchen haben in jüngster Vergangenheit afrikanisierende Prozesse durchlaufen, die eine mehr oder weniger sichtbare Loslösung von den Missionskirchen erkennen lassen. Diese Entwicklung bezieht sich vor allem auf Fragen der Verfassung und Verwaltungsstruktur, aber auch in Liturgie und Theologie finden eindeutig afrikanische Elemente weiterhin Eingang.

6. Die äthiopische Kirche - durch die Verbindung mit Kaiserhaus und Adel nach dem Sturz der salomonischen Dynastie als reaktionär diskreditiert - scheint sich nach der erzwungenen Isolation zu regenerieren. Ihre tiefe Verwurzelung in Geschichte und Kultur der äthiopischen Völker läßt hoffen, daß ihr die Kraft für notwendige Reformen erwächst, um den gesellschaftlichen Herausforderungen gewachsen zu sein und als stabilisierender und einigender Faktor wirken zu können.

Die religiöse Sehnsucht der Menschen dieser Region findet sich in einem Gebet der Nuer (Sudan) an ihren Himmelsgott Kuth nhial, das - anders adressiert - auch Christen und Moslems Nordafrikas mitsprechen könnten[45]:

"Unser Vater, es ist Dein Weltall,

es ist Dein Wille; laß uns in Frieden leben.

Laß die Seelen Deines Volkes unbeschwert bleiben.

Du bist unser Vater.

Heb alles Übel hinweg von unserem Pfad."

ANMERKUNGEN

1. Übersetzung nach Carl Meinhof, Religionen der schriftlosen Völker Afrikas (Tübingen 1913), 39-41 (auszugsweise).

2. Vgl. auch die Schilderung bei Friedrich Heyer, "Wir müssen immer amen sagen", in: Frankfurter Allgemeine Zeitung, 25. April 1985, Nr. 96.

3. Im Falle des Islam kommen Kenner der Region allerdings auch zu dem Ergebnis, daß dieser weder im Sudan noch in Somalia stabilisierend wirkt, sondern stattdessen als Panislamismus radikal der muslimischen Missionierung dient und Christen wie Animisten zurückdrängt oder zum ständigen Bürgerkrieg zwingt und dementsprechend eine Hauptursache des Streits zwischen Somalia und Äthiopien wie Kenya ist.

4. Vgl. I. Schapera, Rainmaking Rites of Tswana Tribes (Leiden-Campridge 1971).

5. Zitiert nach H. Zimon, Regenriten auf der Insel Bukerebe (Tanzania) (Freiburg, Schweiz, 1974), 40.

6. Vgl. Zimon, 117-29.

7. Vgl. dazu Zimon, 37-42.- In weiten Kreisen der christlichen und vor allem der muslimischen bäuerlichen Bevölkerung Äthiopiens und Somalias haben sich allerdings bemerkenswerte Reste von Regenmagie und Regenzauber erhalten.

8. Vgl. John S. Mbiti, Afrikanische Religion und Weltanschauung (Berlin-New York 1974), 137f.

9. Dazu ausführlich: Global 2000 (Frankfurt, 27. Aufl. 1981), 156.

10. Global 2000, 165: 6,3847 im Jahre 1975 gegenüber 5,624 im Jahre 2000. Nach: UNICEF in Ethiopia (o. J., 1988) verdoppelt sich in 25 Jahren die Bevölkerung Äthiopiens, so daß im Jahr 2000 statt 45,9 Millionen (1987) dann etwa 67 Millionen das Land bevölkern werden.

11. Global 2000, 168: von 19,0 im Jahr 1975 auf 11,3 im Jahr 2000.

12. Vgl. Global 2000, 253-68.

13. Vgl. dazu Mbiti, 31f.

14. Vgl. Ernst Dammann, Die Religionen Afrikas, in: Die Religionen der Menschheit 6 (1963), 173.

15. Mbiti, 21.

16. Vgl. Mbiti, 21-23.

17. Vgl. dazu die Übersicht bei Mbiti, 22.

18. Das Projekt wird kurz in: GTZ Activities 3/82,8 beschrieben.

19. Zu diesem Themenkreis vgl. H. Baumann, Schöpfung der Urzeit der Menschen im Mythus der afrikanischen Völker (Berlin 1936).

20. Auf den Vorschlag, die Ziegen zu schlachten, kann man bei den Oromo von Tabus hören, die auf animistische Zeiten zurückgehen.

21. Vgl. L. Bartels, Oromo Religion. Myths and Rites of Western Oromo of Ethiopia - An Attempt to Understand, in: Collectanea Instituti Anthropos 8 (/1983), 25: "All these Amharic governmental policies were clearly aimed at a gradual de-Oromization of the country."

22. Vgl. E. Erlich, The Horn of Africa and the Middle East: Politization of Islam in the Horn and Depolitization of Ethiopian Christianity, in: J. Tubiana (Hrg.), Modern Ethiopia. Proceedings of the Fifth International Conference of Ethiopian Studies, Nice 19-22. December 1977 (Rotterdam 1980), 403.- Der Islam wird freilich bei den Somali vor allem als "ideologische Klammer" eines national-arabischen Kampfes verstanden.

23. Vgl. Bartels, 14f.

24. Vgl. Bartels, 14.

25. Vgl. dazu Bartels, passim.

26. Zur geschichtlichen Entwicklung vgl. z.B. J. S. Trimingham, Islam in Ethiopia (Oxford 1952).- In der Praxis läßt sich in Äthiopien eine Gettoisierung der Muslime - so z.B. in Addis Ababa im Umkreis des

Merkatos - und ihren weitgehenden Ausschluß von bedeutenden öffentlichen Ämtern feststellen.

27. Vgl. Andrzej Bartnicki - Joanna Mantel-Niećko, Geschichte Äthiopiens II (Berlin 1978), 608.

28. Vgl. Bartnicki - Mantel-Niećko II, 617.

29. Vgl. dazu Abbildung 57 in: Bartnicki - Mantel-Niećko II.

30. Vgl. Erlich, 401.

31. "Toward the independence of the Somalis and with the emergence in the 1950s of the Eritrean question, Islam was already a major factor in the making of Somali nationalism and Eritrean separatism" (Erlich, 406).

32. Ellen T. Ismail, Social Invironment and Daily Routine of Sudanese Women. A Case Study of Urban Middle Class Housewives, in: Kölner Ethnologische Studien 6 (Berlin 1982).

33. Ismail, 185.

34. Vgl. Ismail, 50f., 163.

35. In manchen Bereichen bleibt der Einfluß der islamischen Vorschriften im alltäglichen Leben aber ungebrochen, wie man am verdeckten Alkoholkonsum z.B. im Sudan ablesen kann.

36. Vgl. z.B. die Ergebnisse von H. Ibrahim, The Shaiqiya. The Cultural and Social Change of an Northern Sudanes Riverain People = Studien zur Kulturkunde 49 (Wiesbaden 1979), 229-31.

37. Vgl. z.B. The Kenya Education Act von 1968.

38. Ein Überblick über die Entwicklungen findet sich bei A. Hastings, A History of African Christianity 1950-1975 (Cambridge 1979), hier besonders 184-257.

39. Zur "salomonischen" Dynastie vgl. die legendenhafte Verbindung zur alttestamentlichen Salomo-Erzählung, die im Kebra nagaśt ihren Niederschlag gefunden hat.

40. Wenn heute verschiedentlich behauptet wird, ein Drittel des kultivierten Bodens sei bis 1974 Eigentum der Kirche gewesen, so ist dies wohl eine Übertreibung, realistisch dürfte aber sein, daß immerhin 20 % in den Händen der Kirche lag (vgl. dazu Erlich, 407).

41. Vgl. Erlich, 407.

42. Während des Drucks dieses Beitrages wurde am 4. September 1988 der vierte Patriarch der Äthiopischen Orthodoxen Kirche, Abuna Marqorēwos inthronisiert, mit dem der äthiopische Staatspräsident schon am 14. September 1988 während einer offiziellen Begegnung zusammentraf.

43. Vgl. den Artikel von Friedrich Heyer in der Frankfurter Allgemeinen Zeitung (vgl. Anm.2).

44. Nachdem die Militärs bald nach 1974 die Förderung der Minoritäten - ihrer Sprachen und Kulturen - zu Lasten der Amhara wieder aufgegeben haben, können sie ihre ureigensten politischen Ziele ohne die Kirche nicht erreichen.

45. Zitiert nach W. F. Bonin, Die Götter Schwarz-Afrikas (Graz 1979), 154.

FORSTWIRTSCHAFT IN NORDOSTAFRIKA

Hans-Jürgen von Maydell

Zusammenfassung

Die größten Teile Nordostafrikas sind seit Menschengedenken waldarm gewesen, doch haben, soweit sich das zurückverfolgen läßt, Holz und andere Produkte wildwachsender oder kultivierter Bäume für das Leben der Menschen und für die wirtschaftliche und kulturelle Entwicklung eine beachtliche Rolle gespielt. Dazu haben vor allem Bäume und Sträucher außerhalb geschlossener Wälder einen Beitrag geleistet.

Auch in der Gegenwart bezieht die Bevölkerung einen Teil ihrer Subsistenz aus den noch verbliebenen Baum-, Strauch- und Waldressourcen. An erster Stelle zu nennen ist das Brennholz, bzw. die daraus gewonnene Holzkohle. Dazu kommen Bau- und Werkhölzer verschiedener Art, diverse Fasern, Farben, Gerbstoffe usw., Nahrungs- und Genußmittel, Heilmittel, Viehfutter und (im Sudan) Gummi arabicum. Die meisten dieser Forstprodukte i.w.S. werden weder quantitativ noch qualitativ statistisch in ausreichendem Maße erfaßt, sind aber für Millionen Menschen existenzbestimmend.

Bevölkerungswachstum, destruktive Landnutzungspraktiken und Überbeanspruchung der Ressourcen führen zu einer dramatisch fortschreitenden Waldvernichtung bis hin zur Desertifikation. Größte Anstrengungen seitens der Regierungen und der betroffenen Bevölkerung, aber auch ein zunehmendes Engagement im Rahmen internationaler Zusammenarbeit sind nötig, um Katastrophen, wie sie in den letzten Jahren die Weltöffentlichkeit aufrüttelten, zu verhindern.

Vorbemerkung

Eine geographische Abgrenzung des Themas fällt leicht: die folgenden Ausführungen sollen sich auf den Raum beschränken, der gegenwärtig von den

drei Staaten Ägypten, Sudan und Äthiopien eingenommen wird. Dafür gibt es
ökologische und soziokulturelle Gründe.

Schwieriger ist eine Abgrenzung des Bereichs "Forstwirtschaft". Unter
Forstwirtschaft kann man menschliche Tätigkeiten verstehen, die darauf
gerichtet sind, Waldökosysteme in einen Zustand zu bringen oder in einem
Zustand zu erhalten, in dem diese Ökosysteme bestimmte menschliche
Bedürfnisse nach Gütern und Dienstleistungen erfüllen können (zit. nach
Steinlin, Univ. Freiburg i.Br.). Angesichts der Verhältnisse in Nordostafrika
ergeben sich dabei jedoch mancherlei Probleme, insbesondere wenn von
Waldökosystemen die Rede ist. Forstwirtschaft soll deshalb hier in einem
erweiterten Sinne als Wechselwirkung zwischen Menschen einerseits und
Bäumen und Sträuchern andererseits verstanden werden. Diese "Gehölzpflan-
zen" können in Form von Wäldern vorkommen (auf Flächen, auf denen sie
dominieren), einzeln oder in Gruppen außerhalb von Wäldern (z.B. auf Acker-
und Weideflächen, in Gärten, Ortschaften usw.), wildwachsend oder von
Menschen gepflanzt.

1. DIE ENTWICKLUNG DER WALDVEGETATION

Über die paläobotanische Entwicklung der Gehölzvegetation Nordostafrikas wissen wir nur sehr wenig. In verschiedenen Teilen der Region sind
fossile Hölzer, Samen, Blattabdrücke etc. gefunden worden, die das Vorkommen einiger Arten in frühen Erdzeitaltern belegen. Für eine flächendeckende
Rekonstruktion der Flora reichen die vorhandenen Kenntnisse aber nicht aus.

Seit der letzten großen Vereisung in Europa vor 18000 Jahren und den
damit gekoppelten Pluvialzeiten im nordafrikanischen Raum hat sich
stufenweise die heutige Vegetation entwickelt. Maßgebend dafür waren und
sind periodische Verlagerungen der intertropischen Konvergenzzone.

Vor mehr als 4000 Jahren erreichte eine Erwärmung ihren Höhepunkt. Diese Periode wird als feuchte Warmzeit mit für Nordostafrika günstigen Klimabedingungen bezeichnet. Große Teile der Region waren damals besiedelt, größere als heute kultiviert. Der Tschadsee war damals etwa so groß wie heute das Kaspische Meer, in Ägypten entstand eine hochstehende Kultur. Die Entwicklung der Vegetation und ihre Bedeutung für den Menschen wurde in verschiedenen Zeugnissen festgehalten. Zu erwähnen ist auch die im Jahre 622 n. Chr. einsetzende Aufzeichnung der Nilwasserstände, die mit wenigen kurzen Unterbrechungen bis heute eine Rekonstruktion der klimatischen Verhältnisse erlaubt (vgl. *Degens* und *Spitzy*, 1983).

Abgesehen von Felsmalereien des Neolithikums, die in weiten Teilen der Nordsahara auf eine savannenähnliche Vegetation schließen lassen, und Darstellungen in der äyptischen Kunst (vgl. bes. *Boerhave Beekmann*, 1949 und *Winters*, 1974), sind auch einige frühe schriftliche Berichte aufschlußreich, wie sie von *Seidensticker* (1886, Bd. I, S.63/64) zusammengetragen wurden:

"Auf der Grenze zwischen Asien und Afrika im durchaus ebenen Niederungslande der Pharaonen erstreckten sich Rohrgebüsche und vielerlei andere Wassergewächse an den Gewässern[1]. Obenan zu stellen ist die Papierstaude, das Papyrusschilf (papyrus), mit einem etwa 20 Fuss hohen, dreikantigen Stengel, welche Aegyptens Sümpfe bedeckte[2]. Von ihr wurde der Nil "papyrfer" genannt. Ferner wuchsen im Nil und im Bereiche des Nilschlammes viele Eschen, Linden, Weiden, Bachweiden[3], Ellern, selten Platanen, noch seltener Silberpappeln[4]. In den höheren Lagen des Landes sah man sehr hohe und starke Bäume. Dahin gehörten unter anderen die Sykomorus oder der Aegyptische Feigenbaum, welcher außerordentlich fruchtbar geschildert wird, und dessen Früchte aus dem Stamme hervor kommen. Ferner die sogen. Persea oder Ägyptische Mandel, die Balanos und die Akantha[5], dann die namentlich im Lande der Ichthyophagen sehr verbreitete Dattelpalme[6]. Oelbaum (z.B. auf einigen Inseln an der Ostküste[7] und im Gebiet der Ichthyophagen). Rose und andere zahme Bäume, namentlich auf der quellenreichen, mit gesunder frischer Luft versehenen Oasen des Jupiter Ammon in Aegyptens Wüste werden genannt. Lorbeer- und Storaxbaum kamen häufig an der Ostküste vor. Ferner Myrrhe, Weihrauch, Pappel, Zimmt und unächte Cassia[8]. Dagegen fehlte der Weinstock in jenem Lande gänzlich[9].

Von den Aethiopen, einem afrikanischen Volke südlich von Aegyptenland, wird erzählt, dass sie jedes andere Jahr einhundert runde Ebenholz-Blöcke (hebenus) den persischen Königen unter dem Titel eines Geschenkes geliefert haben ("e materia ejus centenas phalangas"[10]). Daraus, wie aus biblischen Nachrichten mag geschlossen werden, dass der Ebenbaum bei ihnen nicht allein wuchs, sondern auch vorzüglich gedieh[11]. Die Ebenholz-Dattelpflaume, jetzt Diospyros ebenum genannt, sowie mehrere verwandte Bäume Ostindiens und anderer Länder haben ein weissliches Splintholz und schwarzes Herzholz, welches letztere das durch Härte und Schwere ausgezeichnete theuere Ebenholz des Handels noch jetzt ist[12]. In Aethiopien kamen ferner Zimmetbaum und Casia in strauchartiger Gestalt miteinander vor. Sie liebten den Schutz von Dornbüschen und Gestrüpp auf sumpfigem Boden[13]. Der gegliederte Lebensbaum, von den Griechen Thyon, Thya und Thyia, von den Römern citrus[14] oder auch Cedrus Numidica (jetzt Thufa articulata Vahl. oder Callitris quadrivalvis Vent) genannt, kam vorzüglich in der Nähe des soeben genannten Hammonischen Tempels und auch im untern Theile von Cyrenaika, dem Rosenlande, sowie in Mauritanien vor[15]. In Libyen gab es Dattelpalmen, Paliurus und viele und schöne Lotusbäume[16]; bei Cyrene die schönsten Cypressen und Oelbäume. Der Lotus, wovon der baumartige so gross wächst, wie ein Birnbaum, und dessen Früchte die Lotophagen aßen, ist von anderen niedrigen Lotusarten daselbst zu unterscheiden[17]."

Darüberhinaus sind aus anderen Quellen, z.B. der Bibel, noch weitere Baum- und Straucharten als für den ägyptischen Raum bedeutend beschrieben worden. Dazu gehören u.a.:

- Akazienarten (Acacia tortilis, A. nilotica, A. senegal, A. albida)
- Mandelbaum (Prunus amygdalus)

- Johannisbrotbaum (Ceratonia siliqua)
- Zypressen (Cupressus sempervirens)
- Lorbeer (Laurus nobilis)
- Pistazien (Pistacia spp.)
- Ziziphus spp.
- Atriplex spp.
- Granatapfel (Punica granatum) und
- Tamariske (Tamarix aphyllum)
- Doumpalme (Hyphaene thebaica).

Zweifellos ist damit die Fülle der Arten noch bei weitem nicht erfaßt, zumal in der Regel nur besonders wichtige Frucht- oder Nutzbäume erwähnt worden sind. Die "Sykomorus" (Ficus capensis, syn. F. sycomorus), der Feigenbaum, erfuhr eine besondere religiöse Verehrung als Symbol der Fruchtbarkeit und als Spender von Nahrung und Getränk für die Seelen der Verstorbenen auf ihrem Wege ins Land der Toten. Ähnliche Verehrung wurde der Dattelpalme und einigen anderen Arten entgegengebracht (*Winters* 1974).

2. DIE ENTWICKLUNG EINER WALDNUTZUNG

Schon im Jungpaläolithikum (noch während der letzten Pluvialzeit) lebten vor ca. 30.000 Jahren Menschen im nordostafrikanischen Raum, deren Felsbilder, Geräte und Waffen Aufschluß über die Umweltbedingungen geben. Die direkte und indirekte Wirkung dieser Jäger/Sammler und später Viehhalter/Ackerbauern auf die Vegetation darf nicht unterschätzt werden. So ist die Entwicklung zur heutigen Gehölzvegetation weitgehend durch Eingriffe der Menschen in von Natur aus bereits empfindlichen Ökosystemen über die Jahrtausende hinweg durch Landnutzung, Siedlung, Handel, Gewerbe und kriegerische Auseinandersetzungen geprägt worden. Besonders deutlich wird dies in jüngster Zeit am Phänomen der sogenannten Desertifikation. Immer wieder wird der Satz zitiert: "Wälder gehen den Menschen voran,

Wüsten folgen ihnen." Für den nordostafrikanischen Raum traf und trifft dies vielfach zu.

Interessant ist aber zunächst, daß eine geregelte Forstwirtschaft (d.h. Waldnutzung) und eine Holzwirtschaft industriellen Ausmaßes mit internationalen Verflechungen sich erstmals auf unserer Erde offensichtlich im Zusammenhang mit Ägypten entwickelten. Dafür gibt es zahlreiche Belege.

Die wohl älteste bekannte Urkunde über einen Holzhandelsabschluß auf internationaler Ebene betrifft den Zedernholzimport des Pharaos *Snefroe*, des ersten Herrschers der IV. Dynastie in Ägypten, überliefert auf einer Steintafel in Palermo: Um das Jahr 2700 v.Chr. sandte er eine Handelsflotte von 40 Schiffen in das Gebiet der Phoenizier, um Zedern-Bauholz zu holen. Die Rückkehr der Schiffe ist auf einem Relief im Totentempel des Erbauers der Königspyramide dargestellt.

Um 2500-2300 v.Chr. finden sich Klagen der Ägypter über die unruhigen Verhältnisse im Zederngebiet, die die kontinuierliche Holzlieferung gefährdeten. Vor allem die Mumifizierung hochgestellter Persönlichkeiten mit Zedernöl wurde dadurch vorübergehend erschwert, bis man dazu überging, das bereits gewonnene Öl statt des Rohholzes zu importieren (*Boerhave Beekmann*, 1949).

Es ist ferner durch Schriften oder Abbildungen sowie Ausgrabungsergebnisse bekannt, daß die Ägypter schon sehr früh verschiedene Hölzer, besonders Ebenholz und das Holz der ostafrikanischen "Bleistiftzeder" (Juniperus procera) bezogen haben, wobei als Herkunft häufig das Land "Punt" genannt wird.

Dies alles sind für damalige Verhältnisse sehr beachtliche wirtschaftliche Maßnahmen gewesen, die im Grundkonzept bereits alle Merkmale heutiger internationaler holzwirtschaftlicher Beziehungen erkennen lassen, bis hin in die Entsendung von "Experten" in "unterentwickelte" Gebiete und die Beschäftigung großer Zahlen von Gastarbeitern (dafür ist das herausragende Beispiel insbesondere die Zusammenarbeit von König Salomo und König

Hiram beim Ausbau von Jerusalem, ca. 950 v.Chr.). Ob die Ägypter oder die Phoenizier zuerst mit der Holzverwendung, dem Schiffbau und dem internationalen Handel mit Holz begannen, soll hier unbeantwortet bleiben. Im Metropolitan Museum in New York steht eine Vase aus dem Jahre 3500 v.Chr., auf der ein ägyptisches Schiff mit 40 Ruderern und einem einfachen Segelmast abgebildet ist. Wichtig ist ferner die Tatsache, daß auch im alten Ägypten schon das Holzhandwerk weit gegliedert und gut organisiert war. Es gab "Zünfte" der Fluß- und Seeschiffsbauer, Korbmacher, Karren- und Wagenbauer, Bau- und Möbeltischler, Sargmacher und sogar Furnier- (Intarsien-) Hersteller. Handsägen, Äxte, Hobel, Meißel und andere Werkzeuge waren bekannt, und die Erzeugnisse dieses Holzhandwerks bereichern heute die Sammlungen vieler Museen.

Das läßt darauf schließen, daß Holz sowohl relativ reichlich verfügbar war, als auch im Gebrauch als Roh- und Werkstoff eine große Rolle spielte.

Weiter südlich, im Bereich der Hauptstadt des kuschitischen Reiches, Merowe (ca. 150 km stromabwärts vom heutigen Khartoum) gab es in den drei ersten Jahrhunderten unserer Zeitrechnung eine bedeutende Eisengewinnung und -verarbeitung für die, wie aus archäologischen Funden zu belegen ist, sehr große Mengen an Brennholz, bzw. Holzkohle erforderlich gewesen sein müssen. Aus der heutigen Gehölzvegetation wäre die Beschaffung solcher Holzmengen (zumal unter Berücksichtigung damaliger Transportmöglichkeiten) völlig unvorstellbar.

Über Waldbegründung, Baumpflanzungen, Waldpflege, etc. gibt es einige wenige Berichte. Hier sei nur erwähnt, daß in Amun, im Nildelta, schon in alttestamentlicher Zeit Baumgärten unterhalten wurden, für deren Bewirtschaftung 8000 Sklaven eingesetzt waren. Solche Gärten als Begräbnisstätten, Tempelhaine aber auch Nutzgärten (Verwandschaft zu Oasen) scheinen verschiedentlich eine Rolle gespielt zu haben. So sollen auch Jesus und seine Eltern auf der Flucht nach Ägypten eine Zeitlang in den Gärten von Mataria im Norden von Kairo Unterkunft und Arbeit gefunden haben (Anderson 1979).

Im übrigen aber scheint sich die Beziehung der Menschen zum Wald, zu Bäumen, Palmen und Sträuchern, im wesentlichen auf eine Exploitation von Naturbeständen beschränkt zu haben. Eine Ausnahme bildete offensichtlich die in den Oasen verbreitete Kultur der Dattelpalme seit nunmehr ca. 4500 Jahren. Von Ägypten aus erfolgte die Verbreitung der Dattelpalme abschnittsweise über den saharischen Raum. Baumpflanzungen um die Villen der vornehmen Ägypter waren offenbar verbreitet und können als erste Form oder Vorläufer waldbaulicher Tätigkeit weltweit angesehen werden.

3. DIE FORST- UND HOLZWIRTSCHAFT NORDOSTAFRIKAS IN DER GEGENWART

Die Forst- und Holzwirtschaft Nordostafrikas in der Gegenwart ist viel differenzierter als auf den ersten Blick hin allgemein vermutet wird. An dieser Stelle können nur einige wenige Beispiele dafür genannt werden. Dabei soll nach Ländern getrennt vorgegangen werden.

3.1. Ägypten

Ägypten mit seinen fast 50 Millionen Einwohnern und einer Landesfläche von 1 Mill. km^2 ist heute eines der waldärmsten Länder der Erde. 95% des Landes sind Wüsten. Insgesamt sollen etwa 2000 ha Wald vorhanden sein, das entspricht 0,4 m^2 pro Einwohner (in der Bundesrepublik sind es immerhin 1200 m^2) oder einem Waldanteil an der gesamten Landesfläche von 0,002%. Hierzu kommen aber die nicht als Waldflächen klassifizierten Baum- und Strauchbestände und Baum- bzw. Palmenkulturen in den Oasen. Doch darüber gibt es keine ausreichend genauen und international vergleichbaren Angaben. So kann man davon ausgehen, daß Ägypten über eine Waldfläche für das gesamte Land verfügt, die erheblich kleiner ist, als die Hälfte des

Sachsenwaldes bei Hamburg. Diese Wälder wachsen im wesentlichen im Niltal und im Nildelta und setzen sich aus verschiedenen Laubholzarten (Akazien, Tamarisken, Pappeln, in Aufforstungen u.a. auch Eukalypten und Casuarinen) zusammen.

An Forstwirtschaft ist in Ägypten somit praktisch nicht zu denken. Die Regierung fördert jedoch Baumpflanzungen an geeigneten Standorten, vor allem Ortsbegrünungen, Wind- und Erosionsschutzpflanzungen, Schatten-baumpflanzungen u. dgl.

Wenn in den FAO-Statistiken angegeben wird, daß in Ägypten jährlich 1,9 Mill. m³ Holz geschlagen werden, davon 90.000 m³ (qualitativ geringwerti-ges) Nutzholz, so wird deutlich, daß diese nicht nur von den "Waldflächen" stammen können. Diese Nutzung würde nämlich bedeuten, daß 950 m³/ha, d.h. fast 1000 m³ pro Jahr und ha entnommen werden. In Wirklichkeit sind angesichts der Vorrats- und Zuwachsverhältnisse um vielleicht 0,1 m³ möglich, d.h. nur 1/10.000 der Holznutzung kann aus dem Wald stammen! Das ist also nur ein verschwindend geringer Beitrag zum inländischen Holzaufkommen, während die Hauptlast auf Baumbeständen außerhalb des forstlichen Bereichs liegt.

Die 50 Millionen Ägypter mit ihrem hohen Anteil an städtischer Bevölkerung und mit ihrer gegenwärtigen Wirtschaftstruktur können mit dem inländischen Holz nicht auskommen. Deshalb sind relativ umfangreiche Holzimporte erforderlich.

Dazu gehörten 1985 2 Millionen m³ Schnittholz (im Werte von 343 Millionen $), aber auch 340.000 m³ Rohholz, das im Lande zu Schwellen, Bauholz, Sperrholz usw. und für die Papierherstellung verwendet wurde. Mit 360.000 Tonnen nehmen ferner die Papierimporte eine wichtige Stellung ein, obwohl das Land selbst jährlich über 145.000 t erzeugen kann. In Zukunft ist eine Verlagerung der Papierherstellung von der Rohstoffbasis Holz zu anderen Faserstoffen (Zuckerrohrbagasse, Baumwollstroh, etc.) und damit eine bedeutende Kapazitätserweiterung der Industrie vorgesehen.

Zusammenfassend kann jedoch festgestellt werden, daß seit den Zeiten der Pharaonen Ägypten waldarm war und blieb, und daß die Leistungen der Forstwirtschaft in Form von Holz und Holzprodukten aus dem Ausland eingeführt werden müssen.

3.2. Sudan

Die Demokratische Republik Sudan ist der flächengrößte Staat Afrikas mit 2,5 Millionen Quadratkilometern (rund zehnmal größer als die Bundesrepublik Deutschland). Die Hälfte der Landesfläche gilt als Wüste bzw. Halbwüste, etwas mehr als ein Viertel als Trockensavanne, 14% als Feuchtsavanne, 10% als Überflutungs- und Sumpfgebiet und weniger als 1% als Gebirge.

Die forstliche Vegetation wird von der FAO (1981) und der sudanesischen Forstverwaltung wie folgt ausgewiesen:

Geschlossene Laubwälder	640 000 ha
geschlossene Nadelwälder	10 000 ha
geschlossene Wälder* zusammen	650 000 ha
offene Gehölzformationen*	47 000 000 ha

dazu:

Bracheflächen, etc.	11 600 000 ha
Strauchformationen	87 000 000 ha

* Bei "geschlossenen Wäldern" müssen laut Definition der FAO mindestens 20% der Fläche durch die Baum-/Strauchkronenprojektion beschirmt sein, bei "offenen" lediglich 5-20%.

Danach wäre der Sudan zu 21% "bewaldet", wenn man die gesamte forstliche Vegetation berücksichtigt, oder aber zu 2,6%, wenn nur von der geschlossenen Waldfläche ausgegangen wird. Es ist jedoch festzustellen, daß die Angaben über die Bewaldung extrem stark voneinander abweichen und z.T. auf sehr alten (um 1955), inzwischen überholten Schätzungen beruhen. Rechnet man ferner alle (Dorn-)Strauchflächen der Halbwüsten und Wüsten sowie sonstiger Öd- und Brachflächen mit weniger als 5% Beschirmungsgrad hinzu (diese werden international nicht mehr als forstliche Flächen klassifiziert), dann sind dies nochmals rd. 65 Millionen ha, laut FAO (1981) sogar 99 Mill. ha, was dann 62% der Landesfläche entsprechen würde. So bleibt es im wesentlichen eine Definitionsfrage, ob für den Sudan 2,6 oder 62% Bewaldung angegeben wird.

Die geschlossenen Laubwälder im Sudan

Sie stehen entweder im Gebirge oder in den Feuchtsavannen. Unterschieden werden:

- Die tropischen montanen Regenwälder (z.B. in den Imatong Mountains, im Meridi District, auf dem Aloma Plateau und im Yambio-Gebiet) weisen 4 Etagen auf. Im 30-50 m hohen Oberstand stehen geradschaftige Bäume mit starken Stämmen, oft mit Brettwurzeln. In der zweiten, 15-30 m hohen Schicht sind weniger gerade, i.a. stärker verzweigte Bäume zu finden, die selten starke Wurzelanläufe haben. Die Strauchschicht ist 4-6 m hoch, oft sehr dicht, mit vielen Schling-/Kletterpflanzen und Lianen. Wenig artenreich und oft nur fleckenhaft ausgebildet ist schließlich die Gras- und Krautschicht. Zu den wichtigsten Baumarten des tropischen Regenwaldes gehören Chrysophyllum albidum, Celtis zenkeri, Holoptelea grandis, Khaya grandifoliola, Chlorophora excelsa und Entandrophragma angolense.

- Als Galeriewälder können Feuchtwälder in den Flußauen bzw. an den Ufern bezeichnet werden. Sie finden sich vor allem auf relativ tiefen U-förmigen Tallagen und profitieren sowohl von der zusätzlichen Wasser- und Nährstoffversorgung als auch vom Feuerschutz durch steile Uferlagen. Wichtige Arten sind Cola cordifolia, Syzygium guineense und, besonders auf versumpften Flächen, Mitragyna stipulosa.

- Acacia nilotica-Wälder ("Sunt")
Sie wachsen in der Nilaue von der ägyptischen Grenze bis Jebelein am Weißen Nil und Roseires am Blauen Nil, vorwiegend in Reinbeständen

auf Böden, die jahrezeitlich überflutet sein können. Auf trockenen Standorten werden sie von der Dumpalme (Hyphaene thebaica), ersetzt. Die Suntwälder werden intensiv genutzt. Schwellenholz, Brennholz und Gerbstoff sind ihre wichtigsten Produkte.

- Nadelwälder

In den Imatong- und Dongotona-Bergen in Equatoria, in Höhenlagen zwischen 1500 und 2600 m, wachsen kleine Bestände mit Podocarpus milanjianus, gemischt mit Olea hochstetteri und Syzygium spp. Im Didinga-Rücken (ebenfalls Equatoria) stehen ähnliche Waldreste, die zusätzlich Relikte von Juniperus procera enthalten. In den Bergen am Roten Meer, nahe der Grenze zu Eritrea, finden sich schließlich recht gutwüchsige Vorkommen von Juniperus procera in Vergesellschaftung mit Olea chrysphylla, Dracaena ombet und Euphorbia abyssinica.

Die offenen Baumformationen

Sie werden nach der durchschnittlichen jährlichen Niederschlagsmenge gegliedert.

Bei über 900-1300 mm spricht man von **Savannen-Waldlandschaften** ("woodland savanna"). Charakterbaumarten sind Anogeissus schimperi, Khaya senegalensis und Isoberlinia doka. Dazu gesellen sich in standort- und nutzungsabhängiger Zusammensetzung zahlreiche Arten, u.a. Sclerocarya birrea, Parkia oliveri, Diospyros mespiliformis, Daniellia oliveri, Tamarindus indica, Balanites aegyptiaca, Combretum- und Akazienarten. Fast 80% des gesamten industriell nutzbaren Vorrats an Starkholz (für Sägewerke) entfällt auf Isoberlinia in den Feuchtsavannen des Südsudan.

Die niederschlagsärmeren Savannen (600-900 mm Jahresniederschlag) sind gekennzeichnet durch offene Gehölze von Terminalia laxiflora, Sclerocarya birrea, Anogeissus leiocarpus und Prosopis africana und Khaya senegalensis, Condia abyssinica über diverse andere Assoziationen hin zu sehr lichten Vorkommen von Akazien (besonders A. senegal, A. mellifera, A. seyal), Balanites aegyptiaca, Ziziphus spp., Hyphaene thebaica, etc.

Diese offenen Baumformationen gehen unter 600 mm Niederschlag in Strauchsavannen bis Halbwüsten über, die deutlich xerophytisch sind und vor allem folgende Gehölztypen tragen:

- Acacia tortilis/Maerua crassifolia (Ostsudan)
- Acacia mellifera/Commiphora africana (Westsudan)
- Acacia glaucophylla/Acacia etbaica (untere Lagen der Red Sea Hills)
- Acacia mellifera und andere Dornsavannen
- Acacia senegal in Kordofan
- Combretum cordofanum/Dalbergia melanoxalon/Albizia sericocephala.

Dabei handelt es sich teilweise um Reinbestände, teilweise um Mischbestände. Immerhin kommen in den Strauchsavannen noch über 100 verschiedene Spezies von Bäumen und Sträuchern vor.

Alle Wälder der Republik Sudan gehören dem Staat. Es gibt keinen Privat- und keinen Gemeindewald, wohl aber kleine (aufgeforstete) Flächen unter der Zuständigkeit gewisser Entwicklungsprojekte. Ein Teil der Waldflächen, ca. 2,8 Millionen ha, 46% in der Halbwüste, 20% in den Trockensavannen und 20% in den Feuchtsavannen des Südsudan, sind gesetzlich als sogenannte "forest reserves" geschützt, d.h. sie sollen in ihrem Bestand und in ihrer Funktion erhalten bleiben. Jede Holznutzung, innerhalb und außerhalb der Forstreservate, wird im Prinzip gesetzlich kontrolliert. Es gibt ferner 4 Nationalparks mit einer Gesamtfläche von 3,5 Millionen ha und ebenfalls 3,5 Millionen ha Wildreservate. Knapp 200 000 ha sind seit 1919 mit Erfolg aufgeforstet worden. Davon stehen z.Zt. rund 60 000 ha, vorwiegend mit Teak (Tectona grandis) oder Zypressen (Cupressus lusitanica) sowie Cassia siamea, Eucalyptus und Neem (Azadirachta indica). Dazu kommen etwa 100.000 ha Pflanzungen von Acacia senegal. Alle übrigen Waldflächen sind Naturbestände, von denen nur ein sehr geringer Teil forstlich bewirtschaftet wird.

Die Holznutzung umfaßt zwei unterschiedliche Bereiche: die Selbstversorgung der ländlichen Bevölkerung und die gewerblich-industriellen Einschläge. Die Mengen, die jährlich zur Selbstversorgung gewonnen werden, lassen sich nur grob schätzen. Im großen Durchschnitt dürften ca. 1 kg Brennholz pro Einwohner täglich verbraucht werden. Das sind 360 kg jährlich oder 0,7m^3. Bei einer Gesamtbevölkerung von 22 Millionen sind das also 15,4 Millionen m^3. Dazu kommen Bau-, Werk- und Zaunholz in einer Größenordnung von knapp 10%, so daß insgesamt ungefähr 17 Millionen m^3 Holz auf den Subsistenzbereich entfallen. Die von der FAO angegebenen Zahlen für Brennholz sind mehr als doppelt so hoch, erscheinen aber nach in den letzten Jahren durchgeführten, umfangreichen Studien im Sahel als sehr unwahrscheinlich. Hinzu kommen die gewerblich-industriellen Nutzungen in Höhe von knapp 50.000 m^3. Das sind Stämme für die Sägewerke, insbesondere zur Herstellung von Eisenbahnschwellen, der Rest Hölzer, die in rohem Zustand verwendet werden wie Baustangen, Pfähle, Masten etc., soweit diese nicht im Rahmen der Selbstversorgung (ggf. gegen Bezahlung gewisser Abgaben) gewonnen werden. Mit anderen Worten, die "Holzindustrie" des Sudan hat eine Kapazität zur Bearbeitung inländischen Rohholzes in der Größenordnung eines einzigen (nach mitteleuropäischen Maßstäben) großen Betriebes. Schätzungen der Forstverwaltung gehen von einem gesamten stehenden Holzvorrat von 2,8 Milliarden m^3 aus und rechnen mit einer möglichen jährlichen Holznutzung (Hiebsatz) von 62 Millionen m^3, entsprechend einer Zuwachsrate der Gehözvegetation von 2,2% p.a. Dies würde auf längere Sicht zumindest den Brennholzbedarf des Landes decken können. In der Praxis sieht es jedoch anders aus. Während im Süden in Teilgebieten ein Holzüberschuß besteht, herrscht im Norden ein extremer Brennholzmangel. Mangels Transportmöglichkeiten kann kein Ausgleich geschaffen werden. Überdies ist vorauszusehen, daß bei Fortsetzung der bisherigen Rodungen für landwirtschaftliche Nutzungen und der Übernutzungen für Brenn- und Nutzholz die letzten Gehölzreserven in der Nordhälfte des Sudan in naher Zukunft völlig vernichtet werden. Daraus werden sich schwerwiegende Folgen für die

Umwelt, insbesondere die Landnutzung, ergeben, d.h. die Desertifikation wird in drastischer Weise weiter fortschreiten. Ob die empfohlenen Maßnahmen zur Entwicklung der Agroforstwirtschaft, einer Kombination forstlicher Maßnamen mit Ackerbau und Viehhaltung, eine Lösung der Probleme bringen werden, bleibt abzuwarten. Der gesamte Außenhandel mit Holz - einschließlich Papier - ist sehr gering.

Im Rahmen der forstlichen Produktion des Sudan verdient ein sogenanntes Nebenprodukt besondere Erwähnung: das Gummi arabicum, das von einer Fläche von ca. 100.000 ha gewonnen wird.

Dabei handelt es sich um eine Ausscheidung, insbesondere der Acacia senegal (in geringerem Maße auch anderer Akazienarten). Dieses Gummi arabicum wird teils von Wildbeständen, teils in agroforstlich bewirtschafteten Plantagen, den sogenannten "gumgardens", gewonnen, indem die Rinde der Bäume in Streifen vorsichtig entfernt wird, worauf in der Trockenzeit das Gummi* austritt, in bis zu faustgroßen "Knollen" aushärtet und dann abgesammelt wird. Der Sudan (insbesondere die Provinz Kordofan) liefert bis zu 75% des Weltexports dieses Naturprodukts, das für hochwertige Nahrungsmittel als Stabilisator, Emulgiermittel und zur Viskositätserhöhung, aber auch in der pharmazeutischen Industrie, für Leime etc. verwendet wird. Die Welt-Produktionszahlen schwanken sehr stark in Abhängigkeit von Jahresklima und anderen Faktoren, lagen aber in der letzten Zeit um 50-60.000t. Der Sudan allein exportierte in der Größenordnung von 35-47.000 t jährlich im Wert von (1983/84) etwa 65 Mill. US$.

* Gummen sind polymere Kohlehydrate, die sich in Wasser lösen, in Alkohol, Benzol, etc. jedoch unlöslich sind.

Trotz insgesamt noch relativ gering erscheinender Holznutzungen nimmt der Wald- bzw. Gehölzbestand des Sudan laufend - z.Zt. in besorgniserregendem Ausmaße - ab. Fast überall im Lande erfolgt entweder wandernder

Brandhackbau (shifting cultivation) oder jahreszeitliches Abbrennen der trockenen Vegetation. Großflächige Übernutzungen durch Viehwirtschaft und das Vordringen des permanenten Ackerbaus auf dafür klimatisch und edaphisch nicht mehr geeignete Flächen sowie die Ausweitung großflächiger Bewässerungsprogramme fordern ebenfalls ihren Tribut. Die geringen jählichen Neu- bzw. Wiederaufforstungen einschließlich agroforstlicher Baumkulturmaßnahmen, wie sie u.a. im Rahmen deutscher bilateraler Zusammenarbeit in Form von Teakpflanzungen auf Ackerland im Gebiet um Juba erfolgten, können den Trend bei weitem nicht aufhalten, ebensowenig wie die traditionellen Agroforstverfahren mit Acacia senegal bzw. Acacia albida in dafür geeigneten Landesteilen. Es bedarf deshalb in Zukunft entscheidender Reformen in der Landnutzung und großer Anstrengungen der Forstwirtschaft, um die fortschreitende Desertifikation aufzuhalten, um Menschen und Umwelt (Ressourcen) in ein nachhaltiges Gleichgewicht zu bringen (vgl. *World Bank* 1986).

3.3 Äthiopien

Äthiopien mit einer Landesfläche von 1,2 Mill. km^2 und seinen ca. 42 Millionen Einwohnern ist ebenfalls waldarm. Die geschlossenen Waldflächen (nach dem Stande von 1980) wurden von der FAO wie folgt angegeben:

Laubwälder	2,7 Mill. ha
Bambuswälder	0,8 Mill. ha
Nadelwälder	0,8 Mill. ha
geschlossene Wälder zusammen	4,3 Mill. ha.

Dazu kommen rund 23 Mill. ha offene Baum- und Strauchformationen, landwirtschaftliche Brachflächen und Ödländereien mit einem geringen Baum- bzw. Strauchbestand und 25 Millionen ha Strauchformationen. Wie in den beiden anderen nordostafrikanischen Ländern ist auch in Äthiopien deren Bedeutung für die Bevölkerung und für die Ökologie nicht zu unterschätzen. Mit 0,10 ha pro Kopf der Bevölkerung bzw. mit einem Bewaldungsprozent von 3,5 bezogen auf die geschlossene Waldfläche, bzw. 23% unter Einbeziehung der offenen Gehölzformationen, liegt Äthiopien im Vergleich zu Ägypten und zum Sudan noch relativ günstig. Bei den vorgenannten Zahlen ist natürlich zu berücksichtigen, daß sie sich lediglich auf Flächen beziehen und nichts über die Qualität und Leistungsfähigkeit der Wälder und der Forstwirtschaft aussagen. Es ist ferner zu berücksichtigen, daß die Waldfläche innerhalb dieses Jahrhunderts von ursprünglich 40 auf heute 3,5% sank (FAO 1981).

Äthiopien wird durch die Natur des Hochlandes geprägt, das mit Ausnahme der Ebenen von Eritrea, Danakil und Ogaden den größten Teil der Fläche einnimmt und mit dem Gipfel des Ras Dashan 4620 m erreicht. Das Klima des Hochlandes ist als kühl zu bezeichnen (Jahresmittel 17°C), während die Tieflagen zu den heißesten Gebieten der Erde gehören. Man unterscheidet die heiße Stufe "Kolla" bis ca. 1800 m die gemäßigte "Woina Dega" (1800-2400 m) und darüber die kühle Stufe (mit Nachtfrösten), "Dega". Analog dazu ergibt sich eine Höhenstufung der Vegetation. Diese wird z.T. überlagert durch das monsunabhängige Niederschlagsregime mit ausgeprägten Trockengebieten im Windschatten der Gebirge.

Entsprechend ist die forstliche Vegetation , bedingt durch extreme Unterschiede in der Höhenlage, im Relief, Klima, Boden usw. und der menschlichen Einwirkung äußerst heterogen *(le Houerou,* 1984). Eine sehr grobe Einteilung kann wie folgt vorgenommen werden:

Die geschlossenen Laubwälder

- Humide Bergwälder sind nur im Südwesten der äthiopischen Hochebene anzutreffen (Niederschläge zwischen 1400 und über 2000 mm p.a.) und zwar in Höhenlagen bis ca. 2500 m. Sie sind dicht und sehr artenreich. Einzelne Bäume erreichen Höhen von 45 m. Darunter lassen sich mehrere Kronenschichten identifizieren. Als wichtige Arten des Oberstandes sind Syzygium guineense, Cordia africana, Olea welwitschii und Mimusops kummel zu nennen.

- Semihumide Bergwälder, die ein weniger üppiges Wachstum aufweisen (Baumhöhen 25-35 m) sind in verschiedenen Landesteilen in Höhenlagen zwischen 1750 und 2500 m verbreitet.

- Dichte Akazienwälder (Acacia xiphocarpa) gedeihen in semiariden Hochlagen, besonders auf Süd- und Westhängen.

Wichtigste Nutzholz liefernde Arten der geschlossenen Laubwälder sind: Pouteria ferruginea, Albizia schimperi, Pygeum africanum, Eckebergia capensis, Apodytes dimidiata, Celtis africana, Schefflera abyssinica, Syzygium guineense.

Die gesamte Ausdehnung der geschlossenen Laubwaldflächen ist gering.

Offene Baum- und Strauchformationen

Sie nehmen, zusammen mit den Strauchformationen, die weitaus größten Flächen ein und weisen je nach Höhenlage und Niederschlägen unterschiedliche Artenzusammensetzungen und Strukturen auf. In den semiariden Gebieten sind häufig Akazien (Acacia mellifera, A. seyal, A. tortilis) typisch, in semihumiden Gebieten Combretum spp., Celtis integrifolia, Annona senegalensis u.a. Im feuchten Tiefland schließlich sind Albizia isenbergiana, Butyrospermum niloticum, Carissa edulis, Vitex doniana u.a. zusammen mit Balanites aegyptiaca, Acacia nilotica, Tamarindus indica u.a. zu nennen.

Bambuswälder

In Hochlagen (2500-3400 m) erstrecken sich Bambusgehölze mit Arundinaria alpina, in tieferen Lagen, bes. in West-Wollega und West-Gojjam, mit Oxytenanthera abyssinica. In beiden kommen, einzeln oder in Gruppen, verschiedene Baum- und Straucharten vor.

Nadelwälder

Hier sind zwei Haupttypen zu unterscheiden:

- Juniperuswälder (Juniperus procera) waren einst auf den äthiopischen Hochflächen weit verbreitet. Durch Übernutzung und Rodung sind sie bis auf wenige Relikte in Zentraläthiopien, am Ostabfall des Hochlandes und den oberen Lagen der Hänge des Galla-Somali-Plateaus verschwunden. Sie wachsen in Höhenlagen zwischen 2500 und 3200 m in einem relativ trocken-kühlen Klima. Wichtigste Baumarten der Juniperuswälder sind, neben Juniperus procera, Podocarpus gracilior, Pygeum africanum, Bersama abyssinica, Rapanea sinensis, Olinia equipetala, Olea africana und Hagenia abyssinica.

- Podocarpuswälder (Podocarpus gracilior) sind vorwiegend im westlichen Teil Äthiopiens in Höhenlagen zwischen 2000 und 2400 m zu finden, an Stellen mit ausreichend und gleichmäßig verteilten Niederschlägen. Zahlreiche Laubhölzer sind vergesellschaftet. Dazu gehören Pygeum africanum, Eckebergia rueppeliana, Croton macrostachys, Celtis kraussiana, Olea hochstetteri, Polyscias ferruginea und Apodytes acutifolia.

In beiden Nadelwaldtypen erreichen einige Bäume Höhen bis 45 m. Holzvorräte von 40-100 m^3 können gemessen werden, im Vergleich zu den geschlossenen Laubwäldern mit nur 20-40 m^3 ist das relativ viel.

Strauchformationen

Im Awash-Becken, im Osten und Süden der Hararghe-Provinz, in den westlichen Ebenen von Illubabor und Wollega sowie im Tiefland von Eritrea erstrecken sich ausgedehnte (Dorn-)Strauchsavannen mit diversen Akazienarten, dem Baobab (Adansonia digitata), Euphorbien und Combretum collinum. Doch fast in allen übrigen semiariden bis ariden Landesteilen treten ähnliche Strauchformationen auf, die teils weitständig sind, teils unzugängliche Dickichte bilden.

Seit der Revolution und der Landreform im März 1975 gibt es keinen privaten Landbesitz mehr. So gehören auch alle Wälder entweder dem Staat oder den Gemeinden. Alle größeren zusammenhängenden Waldflächen werden als Staatswald angesehen.

Die Bewirtschaftung der Wälder ist bisher wenig entwickelt und geregelt. Zu erwähnen sind relativ umfangreiche Aufforstungen und Einzelbaumkulturen um Addis Abeba und in verschiedenen Landesteilen mit Eukalyptus (besonders Eucalyptus globulus, E. camaldulensis) und einigen anderen Arten (vgl. *Uibrig,* 1986). Alle forstlichen Nutzungen, insbesondere die von Brennholz, dienen der lokalen Subsistenzwirtschaft. Laut Schätzungen der FAO werden jährlich rund 38 Millionen m^3 Holz genutzt, davon sind 1,8 Millionen m^3 Nutzholz und rund 28 Millionen Kubikmeter (0,8 m^3 pro Einwohner) Brennholz. Ein Außenhandel findet nur sehr begrenzt statt und kann vernachlässigt werden, die Holzindustrie ist kaum entwickelt.

4. ÜBERLEGUNGEN ZU EINER FORSTLICHEN ENTWICKLUNGSSTRATEGIE

Die Bedeutung der Forstwirtschaft in allen drei nordostafrikanischen Staaten ist letztlich weder mit Hilfe von Angaben über Vegetationszonen oder Waldflächen zu beurteilen noch an Hand der holzwirtschaftlichen Produktionsstatistiken. Die größte Bedeutung liegt im Bereich der Subsistenz für die zusammen über 100 Millionen Menschen. Diese decken ihren lebensnotwendigen Grundbedarf aus dem Walde oder von Bäumen, Sträuchern, Palmen und Bambus außerhalb des Waldes. Dazu gehören Energie (Brennholz, Holzkohle), Baumaterial, Werkstoffe usw. für den Haus- und Landwirtschaftsbedarf, ferner "technische Rohstoffe" (Gerbstoffe, Farben), Mittel für die Human- und Veterinärmedizin, zahlreiche Nahrungs- und Genußmittel und vor allem Viehfutter. Darüber gibt es keine Statistiken, ebensowenig wie über die existenzbestimmenden ökologischen Funktionen (Bodenschutz und Bodenverbesserung, Regulierung des Wasserhaushalts, Windschutz, Schattenspende etc.) und die kaum quantifizierbaren sozio-ökonomischen und kulturellen Funktionen. Es gibt ein Sprichwort "Bäume zu besitzen stellt in der Regel keinen großen Reichtum dar, das Fehlen von Bäumen kann aber großes Unglück und Elend bedeuten." Dies gilt für die nordostafrikanische Region in besonderem Maße.

Alle Verantwortlichen sind deshalb aufgerufen, die größtmöglichsten Anstrengungen zu unternehmen, um Bäume und Wald zu erhalten und nachhaltig zu nutzen, bzw. wo erforderlich, neu zu begründen. Das beginnt auf der individuellen bzw. kleinbäuerlichen Betriebsebene und reicht über die Gemeinde und Provinz bis zur Regierung. Das schließt auch internationale Zusammenarbeit ein, wie sie u.a. beispielhaft von der Bundesrepublik Deutschland auf dem Gebiet des Erosionsschutzes und der Agroforstwirtschaft durch forstliche Maßnahmen seit 1971/74 in Äthiopien demonstriert wird. Dazu berichtete die GTZ/Eschborn 1982: "Der Kampf gegen die Bodenerosion und die Aufforstung nimmt auch in Äthiopien einen immer wichtigeren Platz ein." Seit 1974 unterstützen Forstfachleute der Deutschen Gesellschaft für Technische Zusammenarbeit (GTZ) GmbH das Forestry and Wildlife Development Department beim Ministry of Agriculture bei der Terrassierung und Aufforstung von erodierten oder von Erosion bedrohten Berghängen in den semiariden Zonen des Nordens und Ostens des Landes. Ziel ist dabei, die Wasserhaltekapazität des Bodens zu erhöhen sowie den Abfluß des Oberflächenwassers zu verhindern und zu kontrollieren. Außerdem geht es darum, in diesen Regionen weitere Erosionen zu verhindern und Brennholz in den holzdefizitären Gebieten zu erzeugen. Die Aufforstungsflächen werden nicht mehr beweidet, sondern zwischen den Reihen zur Heugewinnung genutzt. So ernten die Bauern ein Vielfaches an Biomasse. - Diese Kombination von Brennholzbau und Grasschnitt auf derselben Fläche stellt ein einfaches, aber mittlerweile ein voll akzeptiertes Beispiel einer agro-forstlichen Bodennutzung dar, eines der ersten in Entwicklungshilfe-Programmen überhaupt. Darüber hinaus werden äthiopische Fachkräfte ausgebildet und neue Arbeitsplätze geschaffen.

Das Projekt der Technischen Zusammenarbeit besteht aus fünf Einzelprojekten in den Provinzen Eritrea, Tigre, Wollo, Harrar und Wollega. Inzwischen hat die GTZ gemeinsam mit ihren äthiopischen Partnern beachtliche Arbeitsergebnisse erzielt. Dazu gehören:

- 20.000 laufende Kilometer Terrassierung zur Verhinderung des Abflusses von Oberflächenwasser;

- 1.300 Hektar Bodenvorbereitungen (Anlage von Konturstreifen und Punktterrassen);

- die Anlage von 500 Kilometer Wald- und Zufahrtsstraßen;

- die Aufforstung einer 12.000 Hektar großen Fläche,

- die Einrichtung und der Betrieb von 58 Baumschulen, in denen rund 60 Millionen Forstpflanzen für Projektzwecke und zur Verteilung an die Bevölkerung für private Aufforstungen erzeugt wurden;

- die Erarbeitung von Richtlinien für die Zuordnung der Aufforstungsstandorte;

- die Herstellung eines Beratungsfilms;

- die Ausbildung von Äthiopiern an forstlichen Fachschulen und an Universitäten in Kenia und Tansania.

Mitte 1981 wurde das äthiopisch-deutsche Aufforstungsprojekt um die forstliche Beratung bei einem Umsiedlungsprogramm der "Relief and Rehabilitation Commission" erweitert. Es geht dabei insbesondere um die Erhaltung und Einbeziehung von noch vorhandenem Wald in die Umsiedlungsaktion. In den kommenden drei Jahren sollten 1.200 Hektar Pflanzungen mit der vielseitigen Baumart "Acacia albida" und 600 Hektar Windschutzstreifen angelegt werden; darüberhinaus sind 2.400 Hektar Brennholzaufforstungen sowie die Anlage lokaler Baumschulen vorgesehen.

Die äthiopische Forstverwaltung ist auch an der Unterstützung bei der Einführung brennholzsparender Einfachherde interessiert und nutzt dabei die Erfahrungen der GTZ aus dem Sahelraum. Derzeit sind drei deutsche Diplom-Forstwirte in dem Projekt als Berater eingesetzt. Außerdem besteht eine enge Kooperation mit dem Welternährungsprogramm der Vereinten Nationen.

Andere Staaten handeln ähnlich, z.T. noch engagierter (z.B. die nordischen Länder). Auch internationale Organisationen und die sogenannten nichtstaatlichen Organisationen leisten wertvolle Arbeit.

Es geht aber in der gesamten Region nicht um isolierte "externe" Geschenke. Was not tut, ist eine auf Überzeugung beruhende Eigeninitiative der Bevölkerung, der die Maßnahmen ja dienen sollen und die allein für eine Nachhaltigkeit und Breitenwirkung sorgen kann. Es geht auch nicht - und dies wurde wohl trotz der notwendigen Kürze der Darstellung deutlich - um isolierte Forstprojekte, sondern um die Integration entsprechender "forstlicher" Maßnahmen in die gesamte ländliche und städtische Entwicklung.

Katastrophenmeldungen aus der Region und aus dem angrenzenden Sahel haben international zu Besorgnis und zu Hilfsbereitschaft geführt. Fortschreitende Desertifikation und gleichzeitig schnell wachsende Bevölkerungen lassen erwarten, daß das bisherige Ausmaß an Desertifikation, Hunger und menschlicher Not nur ein Anfang waren. Dem kann erfolgreich entgegengewirkt werden, denn die Ursachen sind fast alle von Menschen gemacht, nicht naturbedingt. So muß auch beim Menschen angesetzt werden. Daß dies nicht leicht ist, versteht sich von selbst, aber die Umsetzung der Erkenntnis wird allzuleicht mit einem Ausweichen auf technische oder finanzielle Maßnahmen verdrängt.

Zweifellos wird es nicht möglich sein, in den kommenden Jahren schnell und flächendeckend alle mit der Forstwirtschaft zusammenhängenden Probleme zu lösen. Wo dem quantitativen Wachstum und Fortschritt Grenzen gesetzt sind, sollte jedoch qualitatives Wachstum die Aufgaben so weit wie möglich übernehmen, an "Modellen" Lösungen anbieten, die praktisch umsetzbar, die übertragbar und die sowohl bedürfnisorientiert als auch standortkonform sind. Das klingt immer noch sehr anspruchsvoll. Es gibt aber

schon viele positive Beispiele, und ohne mehr und bessere Leistungen als
bisher sind ganz offensichtlich die Probleme der Zukunft nicht zu bewältigen.

LITERATURHINWEISE

Anderson, D.A.:   All the trees and woody plants of the Bible. Word
                       Books Publisher, Waco/Texas, 1979.

Boerhave Beek-
man, W.:   Hout in alle tijden. Bd. I, N.V. Uitgevers-Maatschappij
                       AE.E. Kluwer, Deventer usw. 1949.

Degens, T. und
Spitzy, A.:   Der Tag an dem der Regen kam. Ägyptens Klima im
                       Wandel der Zeiten, in: Wasser - Leben für Afrika.
                       Verlag Weltarchiv GmbH. Hamburg 1983.

FAO: Tropical Forest Ressources Assessment Project: Forest
                       Ressources of Tropical Africa. Part II.: Coutry Briefs.
                       FAO, Rom 1981.

FAO: Yearbook of forest products. FAO, Rom, period.

GTZ: Äthiopien: Aufforstung in fünf Provinzen. GTZ- Tip,
                       Eschborn (1982), 2, 1-3.

Harrison, M.N. und
Jackson, J.K.:   Ecological classification of the vegetation of the Sudan.
                       Rep. of the Sudan, Min. of Agric., Forests Dept.,
                       Forests Bulletin No. 2, Khartoum 1958.

Le Houerou, H.-N.:   Aperçu écologique del'Ethiopie, in: Journ. d'Agric.
                       Trad. et de Botanique Appl. XXXI, 3-4, 1984, 211-233.

Ibrahim, F.N.:   Desertifikation. Hagemann, Düsseldorf, 1979.

Ibrahim, F.N.:   Ecological Imbalance in the Republic of the Sudan -
                       with Reference to Desertification in Darfur =
                       Bayreuther Geowiss. Arbeiten Vol. 6. Druckhaus
                       Bayreuth Verl. GmbH; Bayreuth, 1984.

Kapp, R.:   Die Vegetation von Afrika. Gustav Fischer Verl.
                       Stuttgart, 1973.

Sahni, K.C.:	Important Trees of the Northern Sudan. UNDP/FAO, Khartoum, 1968.
Seidensticker, A.:	Waldgeschichte des Alterthums. Ein Handbuch für akademische Vorlesungen etc. Frankfurt a.O.: Verl. d. Kgl. Hofbuchdruckerei Trowitsch & Sohn 1886.
Uibrig, H.:	Über die Planung und Erfolgsaussichten von Aufforstungen im Hararghe Hochland, Sozialistisches Äthiopien, in: Sozialistische Forstwirtschaft, Berlin, 36, 1986, 8, 246-251.
Winters, R.K.:	The forest and man. Vantage Press. New York, Washington, Hollywood, 1974.
World Bank:	Sudan Forestry Sector Review, Report No. 5911-SU, 1986.

ANMERKUNGEN

1.   2. Mose; Jesaja.

2.   Theophr.; Plinius.

3.   Richm.

4.   Theophr.

5.   Herodot; Theophr.

6.   Theophr.

7.   Artemidorus, Strabo.

8.   Strabo.

9.   Herodot.

10. Herodot; Plinius.

11. 1 Könige.

12. Leunis.

13. Plinius.

14. Daselbst.

15. Theophr.; Riehm.

16. Herodot.

17. Theophrast.

DIE UMWELTPROBLEMATIK IM LÄNDLICHEN RAUM DER ENTWICKLUNGSLÄNDER AFRIKAS.
GRÜNDE, KONSEQUENZEN, MASSNAHMEN

Horst G. Mensching

Es ist bekannt, daß der Ernährungsspielraum für die stetig wachsende Bevölkerung der Erde sehr eng gezogen ist. Das anbaufähige Land, das eine gesteigerte Agrarproduktion zulassen würde, wird sich aber auch in Zukunft nur um wenige Prozent (bis zum Jahre 2000 kaum mehr als 4% im Weltmittel) ausdehnen lassen, so daß die Welternährung ganz überwiegend auf dem Wege einer Intensivierung der Landwirtschaft gesichert werden muß. Es wird dabei zu beachten sein, daß insbesondere die Bevölkerung in den Entwicklungsländern an dieser zahlenmäßigen "Explosion" beteiligt ist und bei einer mittleren Zuwachsrate von 2,3 % im Jahr im selben Zeitraum um 80% steigen wird. Wie weit die Nahrungsmittelproduktion in den Entwicklungsländern selbst gesteigert werden kann, bleibt sicher großen Zweifeln unterworfen, doch wird ihre Notwendigkeit im Angesicht solchen Bevölkerungswachtums sehr deutlich! Wenn es richtig ist, daß nach Berichten der FAO in Rom etwa 455 Millionen Menschen in den Entwicklungsländern unter dem für sie zutreffenden kritischen Minimum leben müssen, so wird das Problem der Welternährungslage noch deutlicher.

Eine Steigerung der Lebensmittelproduktion auch in den Entwicklungsländern erscheint unter solchen Voraussetzungen absolut notwendig, zumal infolge der Devisenknappheit in diesen Ländern der Nahrungsmittelimport und die Kaufkraft der Bevölkerung hierfür beschränkt sind. Hierbei tritt die Frage auf, ob das vorhandene natürliche Potential für die Landnutzung ausreichend ist oder gar gesteigerte Agrarproduktion zuläßt, um die ständig wachsende Bevölkerung zu ernähren oder sogar Überschüsse für den Export zu erzielen. Fragen der ökologisch angepaßten Landnutzung spielen dabei

ebenfalls eine wichtige Rolle; sie gehören in den Bereich der Umweltproblematik im ländlichen Raum, der hier zur Diskussion steht und der
sich viel stärker auf Fragen der Abhängigkeiten im Verhältnis "Naturpotential -
Nutzungsmöglichkeiten" konzentriert als auf Fragen der Umweltverschmut-
zung, die in den Industrieländern im Vordergrund stehen. In den Entwicklungsländern ist dies zunächst ein zweitrangiges Problem.

Daher sei die These an den Anfang gestellt, daß der "Nord-Süd-Dialog"
nicht nur ökonomische, sondern auch ökologische Probleme offenlegen muß!

Was bedeutet "Umweltproblematik" in den Entwicklungsländern?

Die meisten Entwicklungsländer liegen in den Subtropen und Tropen.
Ihre klimatischen Bedingungen sind für eine permanente agrarische Landnutzung extremer als in unseren Mittelbreiten, sei es durch zu hohe Wärmeein-
strahlung und Trockenheit oder durch gleichmäßig hohe Temperaturen und
hohe Feuchtigkeit (Feuchttropen). In jedem Falle ist die Variabilität der
Niederschläge besonders hoch und daher ihre Verläßlichkeit sehr gering. Je
weniger Regen fällt, um so unsicherer ist sein Eintreten und seine Menge, sei
es von Jahr zu Jahr oder in den Monaten des Regenfalls oder sei es von Ort
zu Ort. Dürrejahre gehören zum "normalen" Klimaablauf!

In den feuchten, waldreichen Tropen wird durch Schlagen oder Roden
des Waldes ein natürlicher Nährstoffkreislauf zwischen Vegetation und Boden
derart gestört, daß schon nach wenigen Jahren ein starker Abfall der
Bodenfruchtbarkeit eintritt, der bis zum Zusammenbruch dieses Ökosystems
führt.

Diese völlig andersartigen Naturfaktoren als bei uns bedeuten für jede
landwirtschaftliche Nutzung zunächst ein großes Handicap! Diese Tatsachen
scheinen zum anderen einer weitverbreiteten Meinung zu widersprechen, daß
einerseits gerade in den Tropen große Landnutzungsreserven für die

wachsende Menschheit liegen, die es nur zu entwickeln gilt. Die Exporte tropischer Agrarprodukte gaben vielleicht zu einer solchen Meinung Anlaß.

Dennoch sei hier betont, daß auch die Subtropen und Tropen ihre agrarischen Gunstgebiete haben, die wie in den Trockengebieten der Erde gute, wenn auch beschränkte Bewässerungsmöglichkeiten für Reis, Baumwolle oder Zuckerrohr bieten. Daß auch hierbei ökologische Schäden auftreten können, zeigen die starken Versalzungserscheinungen in Bewässerungsgebieten der Trockenzone oder die z.t. katastrophalen Folgen in der Niloase nach dem Bau des Assuan-Hochdammes (Versalzung, Erosion, Bilharziose).

Schon nach diesen einführenden Bemerkungen muß die These aufgestellt werden: Umweltschutz in den Entwicklungländern bedeutet in erster Linie Schutz des Ökosystems und damit der natürlichen Ressourcen.

Die ökologische Umweltproblematik in den Entwicklungsländern resultiert im ländlichen Bereich, aber auch ebenso im unmittelbaren Umfeld großer Städte, aus Nutzungssytemen, die den gegebenen Naturbedingungen nicht (mehr) angepaßt sind. In weiten Bereichen wird "Raubbau" betrieben. Dies soll heißen, daß mehr aus dem Naturhaushalt herausgenommen wird als die Natur selbst wieder ergänzen kann. Mit anderen Worten: es wird das Regenerationsvermögen des Ökosystems geschädigt, so daß Umweltschäden entstehen. Lassen Sie mich dafür einige wenige Beispiele geben. - Das vielleicht berühmteste Beispiel ist die Ausbeutung tropischer und auch subtropischer Wälder, sei es durch Holzeinschlag oder sei es durch Rodung für agrarische Nutzungsflächen. Hier werden oft die Beispiele des tropischen Urwaldes am Amazonas und die Bergwälder am Südabfall der Himalayaketten im Einzugsbereich des Ganges genannt mit seinen Hochwasserfolgen im Talbereich.

Aber auch in den randtropischen Savannenbereichen sind durch Ausweitung der Landnutzung (Hirseanbau auf den Altdünen des Sahel) große Schäden entstanden, die zu dem bekannten Desertifikationsprozeß und schließlich zur Ausweitung der Wüste geführt haben. Degradierung des

Ökopotentials und Desertifikation sind zu einem weltweiten Umweltproblem geworden, vorwiegend in den Entwicklungsländern.

Ein besonderes Umweltproblem ist durch die traditionelle Energiegewinnung durch Holzeinschlag und gebietsweise durch Zerstörung des gesamten Baumbestandes, besonders in den Savannen und Steppenländern, entstanden. Historische Epochen der Antike waren hierin Vorläufer rund um das Mittelmeer; sie führten bekanntlich zu einer Umweltschädigung, die in Ländern wie Griechenland, Italien und Spanien bis heute noch nicht wieder wettgemacht werden konnte. Das gleiche gilt für die Maghrebstaaten.

Die Konsequenzen sind vor allem in der Schädigung des Wasserhaushaltes zu sehen. Weniger Rückhaltevermögen und weniger Infiltration führen einerseits zu einer geringeren Grundwasserergänzung, andererseits aber zu einem katastrophalen Oberflächenabfluß nach den - nicht selten - Starkregen mit Überflutungen und starken Zerstörungen in der Landschaft. Die Erosionsfolgen sind überall sichtbar. Nicht sichtbar sind dabei zumeist die Schäden im Boden, die zu einer Verminderung der Bodenfruchtbarkeit und damit zu Ertragsschäden größten Ausmaßes führen.

Eine weniger bekannte Folgeerscheinung ist die Vermehrung von Staub- und Sandstürmen, die nachweisbar durch Desertifikation entstanden ist. In den meisten Entwicklungsländern der Subtropen und Trockengebiete sind hiermit auch größere Gesundheitsschäden aufgetreten. Die vermehrten Staubstürme sind somit zu einem schwerwiegenden Umweltproblem geworden.

Die oft diskutierte Frage, ob mit der Umweltzerstörung auch eine Klimaveränderung zu erwarten sei, kann hier nur gestreift werden. Fest steht, daß durch die Vernichtung der natürlichen Vegetation, die oft flächenhaft und manchmal irreversibel zerstört wird, auch das Bodenklima verändert wird. Vor allem bewirkt die höhere Rückstrahlung auf gerodeten Freiflächen auch eine Erhöhung der Verdunstung, z.T. bis tief in den Boden hinein. Das bedeutet auch eine verstärkte Austrocknung und damit eine Anbauverschlechterung. Sicher wird bei großflächigen Vegetationszerstörungen, vor allem auch der

Feuchtsavannen und tropischen Wälder, auch das Großklima beeinflußt. Wir haben bis heute zu wenige Klimadaten, um gesicherte Aussagen darüber machen zu können. Vieles muß daher spekulativ bleiben, doch lassen Modellrechnungen befürchten, daß bei fortschreitender Umweltzerstörung im Vegetationsbereich auch klimatische Änderungen eintreten, die unser Klima negativ für den menschlichen Nutzungsbereich beeinflussen können. Es sei nicht verschwiegen, daß solche Zusammenhänge nicht selten pseudowissenschaftliche Auswüchse in ihrer Darstellung erkennen lassen.

Eine interessante Beobachtung konnten wir in Afrika anstellen: je trockener die Jahre sind und je geringer die Ernteerträge dadurch werden, um so größere Flächen werden gerodet und angebaut, um dadurch wenigstens teilweise die benötigte Produktionsmenge (etwa im Hirseanbau) zu erreichen. In Wirklichkeit werden dadurch die Schäden im Ökosystem vergrößert, Degradation und Deserfikation breiten sich noch rascher aus und führen zu einer erschreckenden Umweltzerstörung!

Generell kann man folgendes feststellen:

In den sechsziger Jahren sah es so aus, als ob der Forschritt in der Agrarproduktion mit der Bevölkerungsentwicklung gut Schritt halten könne. Die Produktionssteigerung war so groß, daß sie den Bevölkerungszuwachs übertraf, besonders im Weizen- und Reisanbau. In den siebziger Jahren erreichte die Pro-Kopf-Produktion nur noch die Zwachsrate der Bevölkerung und fiel seither ständig weiter ab, so daß die Erdbevölkerung jetzt schneller wächst als die Nahrungsbereitstellung.

Auch die Anfangserfolge der sogenannten "Grünen Revolution" mit einer Intensivierung der Bodennutzung durch bessere Sorten und durch verbreitet angewendete Düngung (Kunstdünger) auch in den Subtropen und Tropen, besonders in Monsun-Asien, konnten nicht fortgesetzt werden. Hinzu kamen die weltweiten Dürreperioden der ersten siebziger Jahre (nicht nur im Sahel). So ist der Rückgang der Erfolge der Grünen Revolution auch in einer überzogenen Bodenausbeutung und damit in einer Störung im natürlichen Öko-Potential zu sehen. Dies zeigt: die Bodennutzung ohne Anpassung an die natürlichen Voraussetzungen läßt sich nicht beliebig intensivieren. Agrartechnische Maßnahmen müssen sehr behutsam angewendet werden, wenn sie aus unseren Mittelbreiten durch den sogenannten Technologietransfer in die subtropischen und tropischen Entwicklungsländer gebracht werden. Sie können sonst nachwirkende Umweltschäden auslösen!

Einige Gründe für die Umweltschädigung in Entwicklungsländern

Es tritt die Frage auf, inwieweit die Bevölkerung des ländlichen Raumes sich der Gefahren und Konsequenzen der Schädigung des Ökosystems bewußt ist und diese entweder in Kauf nimmt oder darüber hinwegsieht. Schließlich sind schon in frühen Zeiten "angepaßte" Nutzungssysteme (shifting cultivation, nomadische Weidewirtschaft) entwickelt worden, die auch auf die Regenerationsfähigkeit von Boden und Vegetation Rücksicht nahmen, was schließlich auch der Hintergrund für eingeschaltete Brachzeiten war.

Vorweg muß hier die Bevölkerungsexplosion in den Entwicklungsländern in unserem Jahrhundert genannt werden. Verminderung der Kindersterblichkeit durch die moderne Medizin und Erhöhung der Lebenserwartung sind hierbei zu nennen. Vergessen sei auch nicht die soziale Notwendigkeit, für die Versorgung der älteren Menschen eine ausreichende Zahl von Kindern zu haben, wie sie in Sippen und Familien der meisten Entwicklungsländer die Regel ist, weil ein anderes, etwa staatliches Sozialsystem überall fehlt.

Diese Bevölkerungsexplosion hat sowohl zur Ausweitung als auch zur teilweisen Landausbeutung in der Agrarwirtschaft des ländlichen Raumes geführt. Trotz Abwanderung in die größeren Städte blieb der Druck und Zwang, das Land in größerem Umfang zu nutzen als früher. Dies trifft auch auf den gesteigerten Holzeinschlag zur Energieversorgung und zum Hütten- und Zaunbau (sehr weit verbreitet!) zu. Gefährdet sind hierdurch besonders die tropischen Randgebiete, in denen sich dann die Desertifikation rasch ausbreiten kann.

Nur so ist es auch zu verstehen, daß immer mehr Gebiete in Landnutzung genommen werden, die vom Naturpotential her dazu nicht geeignet sind. In Gunstjahren, z.B. mit ausreichenden Niederschlägen ist die Ackerbaugrenze (agronomische Trockengrenze) weit vorgerückt, wodurch ausgedehnte "Risikozonen" entstanden sind, die bei jeder Dürre zu einem Katastrophengebiet werden können. Es ist klar, daß in solchen Gebieten die natürliche Umwelt in keiner Weise geschont wird. Der äußere Zwang verhindert dies, denn es geht um das Überleben.

Auch im Bereich der Viehwirtschaft, sei es in nomadischen oder seßhaften Bevölkerungsgruppen, kommt es zu einer starken Vermehrung des Viehbstandes und damit zu einer Überstockung. Das bedeutet aber eine Zerstörung oder doch Schädigung des natürlichen, zumeist begrenzten Potentials; das Belastungsverhältnis der Ökosysteme wird dabei deutlich überschritten: es kommt daher zu schweren Umweltschäden, die dazu noch in klimatischen Krisenzeiten (Dürren u.a.) verstärkt werden oder z.T. dann erst deutlich werden. Allerdings ist diese Entwicklung ohne Berücksichtigung der bekannten traditionellen Verhaltensweisen nicht zu verstehen, denn ein hoher Viehbestand dient sowohl dem Prestige des Besitzers als auch seiner Sicherung in Krisenzeiten. Nicht selten tritt ökonomisches Denken hierbei deutlich in den Hintergrund. Wie groß aber die ökologischen Schäden sind, die bei einer Überstockung der Weidegebiete auftreten, geht aus dem oft starken Artenwandel der Pflanzen hervor, die dann nicht mehr beweidet werden können. Auch das sind Umweltschäden!

Auch "wirtschaftliche Gründe" (Verdienstmöglichkeiten) können der Anreiz für Naturschäden sein, die der Mensch verursacht. Hier seien zwei Beispiele genannt:
Die tunesische Hochsteppe ist (oder war) mit Halfagras bestanden. Dieses Halfagras bildet den Rohstoff für Zelluloseherstellung. Nachdem während der

Kolonialzeit der Export von Halfagras die wichtigste Einnahmequelle war, wurde später eine eigene Zellulosefabrik gebaut. Die einst nomadisierende Bevölkerung wurde für ihre Sammlertätigkeit nach der Menge des abgelieferten Halfagrases bezahlt, so daß sie keinerlei Rücksichtnahme beim Schnittt kannte und große Schäden im Ökosystem der Steppe angerichtet hat.

Ein weiteres Beispiel bietet das Schlagen der letzten Akazien in vielen Gebieten der Sahelzone. Der Anreiz, hieraus Holzkohle herzustellen, war durch Händler der großen Städte gegeben, die in dieses ökologisch labile Gebiet kamen und dafür der Bevölkerung einen kargen Arbeitslohn boten. Dieser Anreiz führte zur vollständigen Zerstörung dieses Ökosystems.

Diese Beispiele könnten beliebig vermehrt werden. Sie zeigen deutlich, daß die geringen Verdienstmöglichkeiten, die der ansässigen oder auch nomadisierenden Bevölkerung oftmals nur zur Verfügung stehen, durch wirtschaftliche Anreize von außen schwere Konsequenzen für die Umwelt des eigenen Lebensraumes zur Folge haben.

Durch Einführung der modernen Technik in die bisher meist traditional lebende und arbeitende Bevölkerung vieler Entwicklungsländer ist eine weitere Konsequenz für die Umweltzerstörung zu beachten: Beispiele hierfür sind aus der Sahelzone die zahlreichen Tiefbrunnen, die zumeist in der Kolonialzeit oder durch die Entwicklungshilfe errichtet wurden und der Bevölkerung manche Wassersorgen beseitigen halfen. Andererseits haben sie durch Anzapfung tiefer gelegener Wasserhorizonte und dadurch ganzjährig zur Verfügung stehender Wassermengen oft zu große Zahlen an Herden und vereinzelt auch von Bevölkerungsgruppen angelockt, die das umgebende Naturpotential (vor allem Weideflächen) nicht ernähren konnte. Durch saisonales oder auch ganzjähriges Verbleiben in der Nähe dieser Brunnen wurde die ökologische Umwelt z.T. stark degradiert oder langfristig zerstört und kaum regenerierbar gemacht. Der urspüngliche Nutzen wurde schließlich zum umweltzerstörenden Faktor gewandelt. Seither ist das bedenkenlose Bohren von Tiefbrunnen zum Problemfaktor der Entwicklungshilfe geworden.

Die oft rasche Senkung des Spiegels fossiler Grundwässer sei hier nur erwähnt. Wenn man bei einer Umweltpolitik in der Dritten Welt auch die Zukunft der Nutzbarkeit des Ökosystems im Auge hat, dann treten durch solche Brunnenbohrungen nicht selten schwerwiegende Schädigungen für das zukünftige Potential der Nutzbarkeit auf, die man stärker beachten solte. Es sei an dieser Stelle aber ebenso betont, daß die Forderung nach solchem "Technologietransfer" lautstark von den Entwicklungsländern selbst erhoben worden ist. Solche Forderungen, die durchaus auch einem ersten Entwicklungsimpuls gerecht werden können, haben eben Konsequenzen, die oft bei der Installation nicht gesehen wurden. Hier ein schuldhaftes Handeln - von welcher Seite auch immer - unterstellen zu wollen, wäre töricht!

Ein weiteres Beispiel, besonders in tropischen Waldländern zu beobachten, sind die neuen Straßenbauten, die oft wenig den ökologischen Bedingungen angepaßt sind und nicht selten die Konsequenz von Bevölkerungswanderungen zu diesen neuen Verkehrswegen ausgelöst haben. Diese wiederum haben eine Zerstörung des vegetativen Anteils am Ökosystem ausgelöst, die stark umweltschädigend war.

Zu diesem Problemkreis gehört auch die Einführung von Techniken der Bodenbearbeitung, die den ökologischen Bedingungen in den betreffenden Entwicklungsländern nicht angepaßt sind. Dazu gehören der moderne Pflugbau, etwa mit Hilfe von Traktoren gezogener Mehrscheibenpflüge in den Trockensteppen eingesetzt, wodurch erhebliche Erosionsschäden auftreten können. Das Beispiel der tunesichen Hochsteppen ist hier zu nennen.

Auch die allgemeine Mechanisierung in der Landnutzung solcher Räume hat oftmals mehr Schaden als Nutzen gebracht, was sich besonders in der Schädigung des Bodengefüges auswirkte und eher zur Ertragsminderung als zu einer Steigerung führte.

Nun könnte man den ausgelösten Umweltschaden einfach den exportsüchtigen Unternehmen oder auch Organisationen der Industrieländer in die

Schuhe schieben. Doch scheint mir dieser Zusammenhang komplexer und bedarf einer detaillierten Diskussion.

Die Konsequenz aus diesen Beispielen kann nur sein, die Einführung moderner Technologien stärker als bisher den Umweltbedingungen anzupassen, was zweifellos deren Kenntnis voraussetzt. Dies muß sowohl von den "helfenden" und "liefernden" Industrieländern als auch von den Entwicklungsländern selbst gesehen werden, wenn weitere Unweltschädigung verhindert werden soll. Das vorwiegend ökonomische Profitdenken muß einem ökologischen Verantwortungsdenken abwägend gegenübergestellt werden.

Wenn man bedenkt, daß in den meisten Entwicklungsländern etwa 80% der Bevölkerung in irgendeiner Weise von der Landwirtschaft leben müssen, so wird deutlich, welche Rolle der "ländliche Raum" dort spielt. Solange die größeren Städte mit ihrem Zustrom ländlicher Bevölkerung und ihrem zumeist sehr geringen Arbeitsplatzangebot nicht in der Lage sind, Landbevölkerung aufzunehmen, solange ist eine verstärkte Urbanisierung keine Lösung der Probleme im ländlichen Raum, der zweifellos mit wesentlich geringeren Zahlen der Bevölkerungsdichte als in unseren Breiten als "übervölkert" zu gelten hat. Daß hierin ein Teil der Umweltproblematik zu sehen ist, wurde dargelegt.

Historische Gründe der Umweltzerstörung in den Entwicklungsländern sind ebenfalls zu beachten. Haben schon die Römer in ihrem Imperium durch absolute Nichtbeachtung ihrer natürlichen Umwelt manchen Schaden zugefügt, so scheint als jüngste Epoche der letzten beiden Jahrhunderte die Kolonialzeit manche Entwicklungen ausgelöst zu haben, die auch die Umweltproblematik betreffen.

So wurden in manchen Teilen des französischen Maghreb große Kolonialbetriebe in den Ebenen errichtet, wodurch ein Teil der einheimischen Bevölkerung in zumeist gebirgige Gebiete abgedrängt wurde, die dann durch nicht an das Ökosystem angepaßte Landnutzung hoffnungslos zerstört wurden. Solche Beipiele sind aus den nordafrikanischen Gebirgen (Rif, Tell) bekannt.

Auch die Anlage der großen Plantagen-Monokulturen ist umwelt-problematisch. Doch ist zu sagen, daß diese auch heute auf Export abgestimmte Nutzungsform in der Agrarökonomie der Entwicklungsländer notwendig und nutzbringend geblieben ist. Ökologische Anpassungsmaßnahmen wurden jedoch erforderlich. Es ist richtig, daß die kolonialen Landnutzungssysteme keine "Entwicklungsmaßnahmen" für das betreffende Land waren und auch nicht sein sollten, sie sind es aber auch später nur bedingt geworden, zumal die heutigen Betriebssysteme von Großplantagen sich nur vereinzelt gewandelt haben.

Dagegen hat die koloniale Grenzziehung mit der Entstehung der postkolonialen Staatsgrenzen erhebliche Folgen für die Nutzungssysteme im ländlichen Raum der Entwicklungsländer gehabt. So wurden ethnische Gruppen zerrissen und die großen Austauschgebiete in der Weidewirtschaft, besonders in Afrika, blockiert. Dies zeigte sich in erschreckendem Maße im westsahelischen Nomadentum während der Dürrekatastrophe 1969-1983. In solchen Klimazonen (wie dem Sahel) sind aber großräumige Wanderungen der Herden unerläßlich, wenn nicht eine starke Degradierung der Natur die Folge sein soll.

These: Entwicklungspolitik muß die Umweltproblematik integrieren!

Die vielen genannten Beispiele konnten zeigen, daß das Verhältnis der Industriestaaten der "Ersten und Zweiten Welt" zur "Dritten Welt" nicht allein unter ökonomischen Gesichtspunkten gesehen werden darf. Dies ist zweifellos heute noch weitgehend der Fall.

Die historisch entwickelte Sicht, die Entwicklungsländer der Tropen und Subtropen vorwiegend als Ergänzungsräume der Industrieländer zu sehen, seien es pflanzliche Ressourcen einschließlich der tropischen Hölzer oder seien es mineralische Rohstoffe, ist heute nicht aufrecht zu erhalten. Auch die Entwicklungshilfe muß diesen Umweltaspekt stärker integrieren, als das bisher zumeist geschah. Ansätze sind dafür vorhanden, z.B. im Sahel.

Allerdings muß der erste Schritt die Erkenntnis und das Verstehen sein, daß einerseits das Naturpotential der meisten Entwicklungsländer der Subtropen und Tropen im agraren Nutzungsraum nicht dem der Mittelbreiten gleichkommt. Das gegenüber menschlichen Eingriffen in das ökologische Gefüge labilere System muß klar erkannt und erforscht werden, wenn weitere Umweltschäden vermieden werden sollen. Dies erfordert im ökonomischen Bereich durchaus Beschränkungen. Eine Anpassung der Nutzungsarten ist absolut erforderlich! Ausschließlich auf Profitstreben ausgerichtetes ökonomisches Denken und Handeln führt zwangläufig zu Schädigungen des Ökosystems.

Die hier getroffenen Feststellungen gelten für beide: für die Industrieländer als (helfende) Handelspartner ebenso wie für die Entwicklungsländer selbst. Ein solches "Langzeitdenken" muß entwickelt werden, die wissenschaftliche Forschung muß das Ihrige dazu tun.

Die "Interessengegensätze" zwischen Industrie- und Entwicklungsländern können langfristig daher nur scheinbare sein. Nach jahrzehntelanger Erfahrung in Entwicklungsländern der Subtropen und Tropen erscheint mir eine solche Bewußtseinsbildung nicht von heute auf morgen erreichbar zu sein. Das Denken auf der einen Seite, daß alle Entwicklungsfragen in erster Linie oder nur eine Finanzfrage seien (Entwicklungsländersicht) ist nach meiner Überzeugung ebenso falsch wie die Einstellung, daß die Entwicklungsländer vor allem Rohstoffexportländer bleiben müssen und das zweifellos oft mangelnde Management für eine schwache Entwicklung verantwortlich sei (Industrieländer). Daß in vielen Entwicklungsländern auch noch die Umweltprobleme so ernsthafter Natur sind, wird erst in jüngster Zeit erkannt, aber noch zu wenig berücksichtigt.

Auf diesem Gebiet scheinbare Interessenkonflikte lautstark auf internationalen Kongressen wie in Stockholm 1982, in Nairobi 1977 und auch wieder in Nairobi 1982 zu vertreten, kann nicht weiterführen. Ökonomische und ökologische Sicht- und Handlungsweisen dürfen sich nicht ausschließen, wenn die zukünftige Entwicklung nicht nur Anfangserfolge erzielen, sondern Entwicklungen einleiten soll, die auch in der Zukunft Bestand haben und erfolgreich sein sollen.

Auch die Wissenschaft ist ist dazu aufgerufen, ihren Beitrag hierzu zu liefern, den eine ideologisch einseitige Ausrichtung jedoch kaum fruchtbarer machen kann.

Schlußbetrachtung

Nicht nur die Industrieländer haben eine Umweltschädigung, sondern auch die Entwicklungsländer haben damit zu kämpfen. Durch andersartige ökologische Bedingungen stellt sich die Problematik in der Dritten Welt vor allem durch eine Degradierung oder auch Schädigung bis zur irreversiblen Zerstörung des natürlichen Ökosystems ein. Im ländlichen Raum sind Bodenausbeutung durch unangepaßte Methoden des Ackerbaus, durch Überstockung in der Viehwirtschaft, durch übermäßigen Holzeinschlag und durch die Übernutzung des klimatisch beschränkten Wasserhaushaltes umweltschädigende Verhaltensweisen.

Am extremsten sind die Folgen in den semiariden Übergangsbereichen festzustellen, wo Desertifikation zu einer raschen Ausweitung der Wüsten führt und nutzbares Acker- und Weideland zerstört wird. In den feuchten Tropen führen Nutzungsysteme, wie permanenter Anbau ohne Brachzeiten oder auch ökologisch nicht angepaßte Plantagenwirtschaft, ebenso zu großen Schäden wie die Übernutzung tropischer Wälder durch Holzeinschlag mit seinen Begleiterscheinungen. Die Gründe dieser Umweltproblematik liegen sowohl im ökonomischen als auch im sozio-ethnischen Bereich. Dazu kommt in vielen Regionen der demographische Druck des Bevölkerungswachstums, der Zwänge des Verhaltens dem Naturpotential gegenüber auslöst, die eher eine Folge des Kampfes um das Überleben sind als ein ausbeuterisches

Naturzerstören. Es sei nicht verschwiegen, daß manchmal auch von außen gesteuertes Verdienststreben zur Naturzerstörung führt.

Ebenso darf nicht vergessen werden, daß es sich in den meisten Entwicklungsländern um klimatisch bedingte Risikozonen (Dürren!) handelt oder labile Ökosysteme vorliegen wie im tropischen Wald. Auf die möglichen Klimafolgen wurde hingewiesen, doch fehlen uns für diese Beurteilung noch viele Basisdaten.

Schließlich sei darauf hingewiesen, daß eine flächenhafte Umweltschädigung in der Dritten Welt langfristig auch die Industrieländer der Ersten und Zweiten Welt betreffen wird, denn der Austausch von Gütern aller Art im sogenannten Nord-Süd-Dialog wird ein ebenso notwendiger Teil der Entwicklungspolitik bleiben müssen wie die Verbesserung der Ernährungsbasis in den Entwicklungsländern selbst. Die Umweltschädigung aber würde dies beeinträchtigen.

Problemregionen aber, wie sie die Dritte-Welt-Länder durch geschädigtes Naturpotential noch mehr sein würden, müßten weltpolitische Konsequenzen mit sich bringen, die keinem nützen.

VERKEHRSWIRTSCHAFT UND REGIONALENTWICKLUNG
IN ÄTHIOPIEN

Günter G. Abraham

Die Überprüfung des Zusammenhangs zwischen Verkehr und wirtschaftlicher Entwicklung in Aethiopien war Gegenstand von zwei Forschungsarbeiten, die in den Jahren 1971 und 1972 durchgeführt wurden. Das eine Vorhaben, veranlaßt von der Weltbank, sollte Aufschluß über die Auswirkungen von Straßenbauten in den Provinzen Gojam und Kaffa auf die Regionalentwicklung bringen. Das zweite Vorhaben, angeregt von der schwedischen Entwicklungsgesellschaft, sollte die räumliche Wirtschaftsstruktur an der Grenze zwischen den Provinzen Shoa und Wollega unmittelbar vor dem Straßenbau festhalten. Für das Projekt waren arbeitsintensive Methoden vorgesehen. Beide Forschungsvorhaben sind vor folgendem Hintergrund entstanden.

"Gebirge trennen, Meere verbinden" erweist sich in besonderem Maße für Äthiopien als zutreffend. Die Oberflächengestalt des Landes erschwert den Verkehr und damit die Integration der Menschen zu einem großräumigen Wirtschaftsgebiet. Jahrhundertelang transportierten Lasttiere (Maulesel, Esel, Kamele) und Träger die tauschbaren Güter auf Pfaden durch Wüsten, Savanne, Busch, Urwald und Gebirge. Regelmäßig kamen die Transporte in der Regenzeit zum Erliegen, da die vielen Flüsse sich in reißende Ströme verwandeln. Erste Straßenbauten erfolgten in der Mitte des 19. Jahrhunderts (Richard Pankhurst: Economic History of Ethiopia, Addis Abeba 1968, S. 284f.), die erste Eisenbahn entstand von 1897 bis 1917. Binnenschiffahrt gab es nur auf dem Baro-Fluß im Westen des Landes. Insgesamt fanden unter der Regentschaft von Menelik II. und Haile Sellassie I. die bedeutsamsten Investitionen in die Infrastruktur statt als eine der notwendigen Voraussetzungen für die binnen- und weltwirtschaftliche Integration. Das Straßennetz erreichte bis 1935 nach unterschiedlichen Quellen eine Länge von 2000 km

(Abraham Medhane: Die Wirtschaft Äthiopiens und die Möglichkeit zur Industrialisierung. Diss. Wien 1970, S. 45) bzw. 4000 km (A. Zevos: L'empire d'Ethiopie, Alexandria 1936, S.290, 408). Danach brachte die italienische Besetzung eine Ausdehnung auf ca. 35.000 km (nach Angaben des Institute of Ethiopien Studies) überwiegend einfacher Trockenwetterstraßen. Die Zerstörungen insbesondere von Brücken im Verlauf der Rückeroberung und die folgende Zeit ohne wesenliche ökonomische Impulse führten zum Verlust von etwa der Hälfte der Straßen. 1951 begann erneut der Straßenbau. Nach einem Jahrzehnt wird 1962 die Gesamtlänge der Straßen mit 22.370 km angegeben, davon 4580 km Allwetterstraßen (Imperial Ethiopian Government, Central statistical Office: Statistical Abstract, 1963, 25). Gegenwärtig beträgt die Länge der Allwetterstraßen über 11.000 km (inoffizielle Information). Neben dem Landverkehr leistete der Luftverkehr einen wichtigen Beitrag zur Einbindung abgelegener Gebiete, insbesondere durch den Personentransport.

In Anbetracht der weiteren notwendigen Investitionen und der knappen Mittel sollte das Weltbankvorhaben feststellen, ob wirtschaftliche Entwicklung unter den gegebenen Bedingungen in Äthiopien vor sich geht, wenn allein eine Verkehrserschließung ohne begleitende Maßnahmen erfolgt. Die Grundidee des von den Schweden geförderten Projekts war die Schaffung von Einkommenskreisläufen durch die Art der arbeitsintensiven Investitionsmethode.

Die Untersuchungsmethode und die einzelnen Ergebnisse wurden in Berichten an die Weltbank (Günter G. Abraham: The Impact of the Jimma-Agaro and Dejen-Bure Road on Regional Development. Addis Abeba 1972) und an die schwedische Entwicklungsgesellschaft (Taye Gulilat/Günter Abraham: Road Construction Projekt Backo-Jere. Socioeconomic Study of the Backo-Jere Area. Addis Abeba 1973) dargestellt. Dieser Beitrag faßt die Vorhaben zusammen und erläutert die Resultate.

Beide Provinzen, Gojam und Kaffa, verfügten zur Zeit des Straßenbaus um 1960 über gleich große landwirtschaftliche Produktionspotentiale zur

Versorgung der städtischen Bevölkerung in Äthiopien und über ein hohes Potential im Vergleich zu anderen Provinzen zum Weltmarktexport von Baumwolle (Gojam) und Kaffee (Kaffa). Neben dem Straßenbau gab es keine wirksamen flankierenden Maßnahmen im Landwirtschaftssektor, lediglich in Gojam erfolgte der Bau einer Textilfabrik am Stadtrand von Bahir Dar (Tana See). Versuche, Genossenschaften einzuführen, brachten für den Untersuchungszeitraum keine nennenswerten Erfolge.

Nach zehnjährigem Bestehen der Straßen zeigten sich bis 1972 typische Gemeinsamkeiten der Entwicklung in Gojam und Kaffa sowie wesentliche Unterschiede.

Zu den Gemeinsamkeiten gehören:

1. Die Preise für Verkehrsleistungen gingen nachhaltig auf 15 bis 60 % der ursprünglichen Höhe zurück.
2. Es erfolgte der Bau von Zubringerstraßen.
3. Die Preise für landwirtschaftliche Produkte "ab Hof" stiegen.
4. Die neuen Straßen strahlten in beiden Regionen eine erhebliche Anziehungskraft aus. Innerhalb des Zeitraums von 1960 bis 1972 stieg die Einwohnerzahl in speziell untersuchten Dörfern von 50 bzw. 150 auf über 1.000.
5. Im Gegensatz zu Dörfern im Hinterland verfügten alle Orte an den Straßen 1972 über Schulen.

Zu den Unterschieden gehörten folgende Entwicklungen, die anschließend eingehender erläutert werden:

1. Der Bau der Zubringerstraßen erfolgte in der Provinz Kaffa aus eigener Kraft.
2. In der Provinz Kaffa verdoppelte sich von 1960 bis 1972 der Export von Kaffee aus der Untersuchungsregion. In der Provinz Gojam blieb es bei der Produktion von Baumwolle ausschließlich für den Subsistenzbedarf.
3. In Agaro, einem Ort in der Provinz Kaffa am westlichen Rand der Untersuchungsregion, gab es 1972 alle Einrichtungen einer

modernen Stadt (zentrale Wasser- und Elektrizitätsversorgung, Klinik, Post und Telefon, Banken, Stadthalle, Sportstadium, Lagerhäuser, Reparaturwerkstätten, Tankstellen und eine breite Palette von Geschäften). Demgegenüber wies Bure, ebenfalls am westlichen Rand der Untersuchungsregion in der Provinz Gojam gelegen, lediglich die Merkmale einer Stadt auf, die traditionelle Funktionen erfüllt (staatliche Verwaltungen, Einzelhandel, Landhandel und Handwerk).

4. Die Ausstattung der Haushalte in der Provinz Kaffa lag deutlich über der in der Provinz Gojam.

Die Ursachen für die genannten Unterschiede liegen nach den vorliegenden Einzelanalysen nicht im Verkehrssektor begründet, sondern lassen sich jeweils auf das sozio-ökonomische Umfeld zurückführen. In Gojam lebt seit Jahrhunderten eine tief in Traditionen gebundene Bevölkerung. Die gesellschaftliche Organisation konnte 1972 noch als vorfeudalistisch bezeichnet werden mit dem besonderen Merkmal des Gemeineigentums an Land. Grund und Boden waren nicht käuflich und nicht verkäuflich. An diesem Umstand scheiterte auch das Textilprojekt in Bahir Dar. Im Gebiet um den Tana See sowie gleichfalls im übrigen Gojam ist Baumwolle heimisch. Das Klima und die Bodengüte hätten die Produktion langfasriger, hochwertiger Baumwolle ermöglicht. Aber es gelang nicht einmal der Zentralregierung in Addis Abeba, für eine Baumwollversuchsfarm Land zu erwerben. Feststellbare Anreize aus dem Straßenbau wirkten sich lediglich auf vermehrte Anlieferung von Getreide aus, das - in geringsten Mengen von Subsistenzwirtschaften zusammengetragen - der Versorgung von Addis Abeba dient.

Völlig anders verlief die Entwicklung im Untersuchungsgebiet der Provinz Kaffa. Das Zusammenwirken aller entwicklungsrelevanten Faktoren hatte autonom, ohne Induzierung von außen einen sich selbst nährenden Wachstumsprozeß in Gang gebracht. Dörfer und Städte erweckten den Eindruck eines höheren Wohlstandes und lebhafterer wirtschaftlicher Aktivität als in Südeuropa. Bei der Suche nach den Ursachen schälten sich zwei

Faktoren heraus. Der eine, ökonomischer Natur, war der Einkommenseffekt, der aus der Be- und Weiterverarbeitung der frisch gepflückten Kaffeekirsche entstand. Der zweite Faktor, gesellschaftlich-kultureller Natur, ergab sich aus der Geschichte der Provinz. Ursprünglich ein nach außen sich abschließendes, unabhängiges Königreich Kaffa, wurde es 1897 in einem kurzen Feldzug von den Äthiopiern erobert und das Volk der Kaffitscho zu über 90 % ausgelöscht. Es war, mit Speeren bewaffnet, nicht dem gut ausgerüsteten Heer der Äthiopier gewachsen. Die Waffen der Äthiopier stammten aus der Aufrüstung gegen die Italiener und aus dem Beutegut, das nach der Schlacht bei Adua 1896 den Italienern abgenommen worden war.

In das von Menschen entleerte Land siedelten Abessinier aus allen Teilen des Reiches. Insbesondere erhielten Soldaten, die an der Eroberung teilgenommen hatten, Besitzrechte an landwirtschaftlich gut nutzbarem Boden. Diese junge, aktive Bevölkerung, losgelöst von den Bindungen ihrer Heimat, war nicht mehr im bisherigen Maß der Tradition verpflichtet. Die Verschiedenheit der Herkunft der Familien in dem Dorf Haro/Provinz Kaffa und die Homogenität der Einwohner des Dorfes Lumame/Provinz Gojam zeigt folgende Tabelle:

Ethnische Herkunft der Familien in zwei Dörfern 1972 (in %)

	Haro (274 Familien)	Lumame (261 Familien)
Amharen	18,2	98,4
Galla	43,8	0,4
Wollamo	1,5	——
Kembata	0,7	——
Gurage	8,0	0,4
Kulo	16,8	——
Ganjero	4,4	——
Arab	1,8	——
Tigre	1,8	0,8
Kaffa	2,2	——
Gimira	0,4	——
Walloga	0,4	——
	——	——
	100,0	100,0

Die Anreize, wirtschaftlich aktiv zu werden, können verglichen werden mit denen nach einer Flucht in einem neuen Lebensraum oder mit denen, die den besonderen Erfolg von ethnischen Minderheiten auslösen.

Dagegen erscheint es wesentlich schwieriger, in einem ungestörten Umfeld Impulse für eine beschleunigte Entwicklung einzubringen. Das von der schwedischen Entwicklungsgesellschaft geförderte und betreute Projekt stellt daher einen Versuch dar, dieses Problem zu überwinden. Aus allen drei Untersuchungsregionen ergibt sich, daß der Straßenbau eine notwendige Bedingung ist, die für jede Entwicklung erfüllt sein muß. Aber es können, wenn arbeitsintensive Methoden angewendet werden, in Verbindung mit der Mittelbeschafffung im betroffenen Gebiet Anreize geschaffen werden, die zu neuen kleinen, wirksamen Einkommenskreisläufen führen. Dieses Ziel wurde während der Durchführung des Projekts erreicht mit Hilfe der Schaffung eines Straßenbaufonds aus kleinen Beiträgen vieler Bauern und durch die Ausgabe der Mittel vorwiegend an ortsansässige Arbeiter.

Die folgende Tabelle gibt Auskunft über die Struktur der Ausgaben:

Ausgabenstruktur Straßenbauprojekt Backo-Jere 1972 (in %):

Löhne	82,3
Handwerkzeug	3,8
Planierraupe	3,0
Tranport	5,2
Baumaterial	4,2
Verwaltung	0,4
Sonstiges	1,1
	100,0

Aufschlußreich erscheint die Organisation der Ausführungsarbeiten. Je vier Arbeiter, darunter ein ausgebildeter Vorarbeiter, bauten während der Trockenzeit mit lokal gefertigten Werkzeugen jeweils 1 km Straße. Der Vorarbeiter bildete dabei seine drei Mitarbeiter zugleich zu Vorarbeitern aus, die bei Fortsetzung der Straßenbaus erneut Arbeitsgruppen gleicher Größe anleiten konnten. In zeitlicher Hinsicht stellte sich eine volle Wettbewerbsfähigkeit gegenüber kapitalintensiven Methoden heraus, da auf der gesamten Strecke zugleich bei jedem Kilometer Straße angefangen wurde. Der Einkommenskreislauf entstand durch die Ausgaben der Arbeiter für heimische Produkte der Landwirtschaft. Die Bauern, die zuvor in den Fonds eingezahlt hatten, erhielten so einen Teil oder auch mehr in Form von Bargeld zurück - ein entscheidender Vorteil gegenüber den "food for work"-Programmen. Mit den niedrigen Preisen für Transportleistungen, die dem Straßenbau folgten, erhöhten sich die Preise für landwirtschaftliche Erzeugnisse ab Hof. Auf diese Weise kann einerseits eine Kapitalakkumulation eingeleitet werden und andererseits das Realeinkommen der ländlichen Bevölkerung steigen.

Die politische Entwicklung in Äthiopien unterbrach die Fortsetzung der Feldbeobachtungen, so daß für das Backo-Jere Projekt keine abschließenden Folgerungen auf beweiskräftiger Grundlage gezogen werden konnten.

Nachtrag

Der Verfasser bereiste die Untersuchungsgebiete der Provinzen Kaffa, Wollega und Shoa im Juli und August 1988. Ohne daß quantitative Erhebungen vorgenommen wurden, ergab sich aus den Beobachtungen eine Fortsetzung der bisherigen Entwicklung: Dörfer und Städte wuchsen weiterhin. Handel und Gewerbe beschränken sich auf den konsumnahen Bereich. Die Regionalentwicklung wird stark von der Landwirtschaftspolitik geprägt: Ehemals im weiten Land in Streusiedlungen lebend, wohnt nunmehr ein großer Teil der Bevölkerung in neu angelegten Haufendörfern - ein Ergebnis der Umsiedlungsprogramme. Dem entspricht eine Ablösung der Kleinfelderwirtschaft durch großflächigen Anbau, der nach dem Augenschein erfolgreich durchgesetzt wurde.

LITERATUR

Abraham, Günter G.: The Impact of the Jimma-Agaro and Dejen Bure Road on Regional Development. Addis Abeba 1972.

Abraham, Günter: Zur Bedeutung von Verkehrsinvestitionen in ländlichen Entwicklungsräumen, in: Zeitschrift für ausländische Landwirtschaft. Jg. 15, Heft 1/1976.

Cole, L.M.: Transport Investment Strategies and Economic Development. In: Land Economics. Vol. 44, 1986.

Heinze, G.W.: Der Verkehrssektor in der Entwicklungspolitik. Afrika-Studien Nr. 21. München 1967.

Hofmeier, R.: Transport and Economic Development. Afrika-Studien Nr. 78, München 1973.

Siebert, H.: Infrastruktur und regionales Wachstum. In: Jahrbücher für Nationalökonomie und Statistik, Band 186, 1971/72.

Taye Gulilat und
Günter Abraham: Road Construction Projekt Backo-Jere. Socio-economic Study of the Backo-Jere Area. Addis Abeba 1973.

Voigt, Fritz: Die volkswirtschaftliche Bedeutung des Verkehrssystems. Berlin 1960.

KONFLIKTREGION HORN VON AFRIKA

Volker Matthies

Seit Jahrzehnten nun schon werden die Menschen, Völker und Staaten am Horn von Afrika (namentlich Äthiopien und Somalia) von kriegerischen Konflikten (vor allem den Somali- und Eritreakonflikten), Unterentwicklung (Äthiopien und Somalia gehören zu den ärmsten Ländern der Erde!), Hunger (in Äthiopien) und Flucht (innerhalb Äthiopiens und aus Äthiopien nach Somalia und in den Sudan) sowie von raumfremden Einmischungen (Waffenlieferungen und militärische Interventionen von Ost und West) heimgesucht. Hunderttausende von Kriegs- und Hungertoten sowie weitere Hunderttausende von Flüchtlingen waren und sind die menschlichen Opfer einer vielfältigen politischen, sozialen und ökonomischen Tragödie. Die Verbindung von anhaltender wirtschaftlicher Unter- und Fehlentwicklung, von vertrackten, bisher ungelösten lokalen und regionalen Konflikten sowie von diversen ausländischen Einflüssen machen das Horn von Afrika auch weiterhin zu einem Krisenherd der Weltpolitik. Welche Ursachen liegen den dortigen Konflikten zugrunde, welche Interessen spielen eine Rolle und welche friedlichen Lösungen gibt es für die Region?

Kurzchronologie zum Somalikonflikt:

1884-1886	Schutzverträge zwischen Großbritannien und Somali-Gruppen
1889	Schutzverträge zwischen Italien und Somali-Gruppen
1908	Anglo-äthiopische und italienisch-äthiopische Grenzverträge
1. Juli 1960	Italienisch-Somalia vereinigt sich mit Britisch-Somaliland zur unabhängigen Republik Somalia

1963-1967	Separatistischer Guerillakrieg der Somali in Kenia (sog. Shifta-Krieg)
1963/1964	Erhebung der Somali im äthiopischen Ogadengebiet und Grenzkrieg zwischen Somalia und Äthiopien
1977/1978	Neuer Krieg zwischen Somalia und Äthiopien (sog. Ogaden-Krieg) um das von Somali bewohnte äthiopische Ogadengebiet; massive militärische Intervention der Sowjetunion und Kubas zugunsten Äthiopiens
1986-88	Gespräche zwischen Somalia und Äthiopien und Einleitung vertrauensbildender Maßnahmen

Kurzchronologie zum Eritrea Konflikt:

1890-1941	Eritrea unterliegt der Kolonialherrschaft Italiens
1941-1952	Eritrea untersteht der Verwaltung Großbritanniens
1952-1962	Eritrea ist in einer Föderation mit Äthiopien vereint
14.November 1962	Äthiopien verleibt sich Eritrea als Provinz ein
1.September 1961	Beginn des Befreiungskampfes der Eritreischen Befreiungsfront (ELF)
1970	Abspaltung und Formierung der späteren Eritreischen Volksbefreiungsfront (EPLF)
1974	Revolution in Äthiopien
1974-1978	Von der verdeckten Guerilla zum offenen Volkskrieg; Eroberung zahlreicher Städte durch die Eritreer
1978-1986	Gegenoffensive und Rückeroberung der Städte durch die Äthiopier; strategischer Rückzug und verlängerter Volkskrieg durch die Eritreer; bislang keine militärische Lösung des Konflikts
1987/88	Neuerliche Offensive der Eritreer und Gegenoffensive der Äthiopier

1. DIE URSACHEN DER KONFLIKTE

Die beiden vorherrschenden Konfliktformationen in der Region, der Somali- und der Eritrea-Konflikt, haben beide ihre Wurzeln in der kolonialen Vergangenheit.

Die kolonialzeitliche territoriale Aufteilung, Grenzziehung und Durchdringung teilte die Siedlungs- und Weidegebiete der (überwiegend) nomadischen Somali in fünf verschiedene territoriale und politisch-administrative Einheiten (Britisch-Somaliland, äthiopisches Ogadengebiet, nordöstlicher Grenzdistrikt in Kenia unter britischer Herrschaft, Italienisch-Somaliland, Französisch-Somaliland), belastete hierdurch die pastorale Ökologie der Somali und bedrohte ihre traditionelle (schon vorkolonial gegebene) ethnisch-kulturelle Homogenität. Angesichts solcher Herausforderungen entwickelte sich unter den Somali auf der Grundlage dieser Homogenität ein starkes Identitätsbewußtsein, das zunehmend politische Bedeutung gewann und später seinen modernen Ausdruck im Somali-Nationalismus und dessen Forderung nach einer staatlich-politischen Einigung aller im Horn von Afrika lebenden Somali in einem unabhängigen Staatswesen fand.

Der Somali-Nationalismus war eine historische Reaktion der autochthonen Bevölkerung auf die koloniale Teilung und Fremdherrschaft. Mit seiner Zielvorstellung eines "Größeren Somalia" stellte er die in der Kolonialzeit geschaffene territoriale Ordnung am Horn von Afrika radikal in Frage und strebte eine gänzlich andersartige territoriale Disposition nach neuen Kriterien an. Er lehnte die europäisch bestimmte völkerrechtliche Legitimationsbasis des territorialen Status Quo am Horn von Afrika ab und legitimierte seine eigenen revisionistischen Forderungen und Ziele mit der ethnisch-kulturellen Einheit aller Somali und deren Recht auf Selbstbestimmung. Die Vereinigung von Britisch-Somaliland und Italienisch-Somalia im Jahre 1960 war ein erster Schritt zu der Verwirklichung eines "Größeren Somalia", doch verblieben aus somalischer Sicht drei weitere Somali-Gebiete (Französich-Somaliland, das

Ogadengebiet Äthiopiens und der Nordöstliche Grenzdistrikt Kenias) unter ungerechtfertigter Fremdherrschaft.

Wesentlich für ein Verständnis des Somali-Konflikts sind die unterschiedlichen ethnisch-politischen Strukturen der Kontrahenten und deren unterschiedliche Probleme der Nationenbildung. Die Republik Somalia war von ihrer Bevölkerung her ein weitgehend homogener Staat. Die ethnischkulturelle Identität der Somali war die Grundlage, auf der die Legitimität des Staates und dessen fundamentaler politischer Konsens beruhten. Allerdings schloß die ethnisch-kulturelle Homogenität der Somali keineswegs begrenzte politische Konflikte innerhalb der Republik Somalia aus (etwa zwischen verschiedenen rivalisierenden Clan-Gruppen oder Parteien), und in diesem Zusammenhang wäre auf die integrative Funktion des Konflikts mit den Nachbarstaaten für das somalische Staatswesen hinzuweisen. In Äthiopien und Kenia hingegen fehlte ein fundamentaler politischer Konsens. Ihre Bevölkerung war heterogen zusammengesetzt und ermangelte einer nationalen Identität. Die Existenz und Legitimität beider Staaten beruhte überwiegend auf territorialer und administrativer Tradition und auf dem Machtanspruch vorherrschender ethnisch-politischer Gruppen. War die Republik Somalia ein, wenn auch fragmentarischer, Nationalstaat und lag das territoriale Problem und das Problem der Nationenbildung für die Republik außerhalb der Staatsgrenzen, so stellten Äthiopien und Kenia demgegenüber Staatsnationen dar, für die das territoriale Problem und das Problem der Nationenbildung innerhalb der Staatsgrenzen lag. Der ethnische Nationalismus der Somali und der territoriale Nationalismus Äthiopiens und Kenias waren unvereinbar. Durch das Bestreben der Republik Somalia, alle Somali am Horn von Afrika in einem Staate zu vereinigen, sahen sich Äthiopien und Kenia in ihrer Lebensfähigkeit bedroht, da eine Veränderung des territorialen Status Quo nur auf ihre Kosten erreichbar war. Eine Sezession der Somali in Äthiopien und Kenia hätte womöglich einen Prozeß der territorialen Fragmentierung und staatlichen Desintegration ausgelöst und dadurch die innere ethnisch-politische Balance und die Dominanz der Führungsgruppen gefährdet.

Unter dem Blickwinkel der Politischen Geographie stellt sich der Somali-Konflikt als eine Kombination verschiedener Typen von Grenzkonflikten dar: er war zugleich ein territorialer Konflikt (um die von Somali bewohnten Landstriche am Horn von Afrika), ein positionaler Konflikt (um die Delimitierung und Demarkierung insbesondere der Grenze zwischen Somalia und Äthiopien), ein funktionaler Konflikt (um die Bewegungsfreiheit somalischer Nomaden in den Grenzgebieten und deren ungehinderten Zugang zu Wasser- und Weideplätzen), ein Konflikt um die Nutzung von natürlichen Ressourcen (traditionell: Wasser und Weiden; neuerdings auch Bodenschätze wie Erdöl und Erdgas) und ein Konflikt um Bevölkerungsgruppen bzw. ethnische Minderheiten (nämlich um die Lebensbedingungen und den Status der in den Nachbarstaaten lebenden Somali).

Verschiedentlich wurde der Somali-Konflikt auch mit kriegerischer Gewalt ausgetragen. Im Grenzgebiet zwischen Somalia und Äthiopien kam es seit 1960 wiederholt zu Grenzzwischenfällen. Im nordöstlichen Grenzdistrikt Kenias führten die Somali von 1963-1967 den sog. Shifta-Krieg ("Banditen-Krieg"). 1963/64 eskalierte ein Aufstand der Ogaden-Somali zu einem kurzen Grenzkrieg zwischen Somalia und Äthiopien, und im Jahre 1977/78 kam es schließlich zu einem regelrechten konventionellen Krieg zwischen beiden Staaten, den die Somali verloren und der Hunderttausende von Flüchtlingen aus dem Ogaden nach Somalia strömen ließ.

Der Eritrea-Konflikt läßt sich ähnlich wie der Somali-Konflikt auf die Kolonialzeit zurückführen. Von 1890 an unterlag Eritrea im Unterschied zu Äthiopien, das ja nur für kurze Zeit (1935-1941) unter (italienischer) Kolonialherrschaft stand, einer jahrzehntelangen kolonialen Durchdringung durch Italien (1890-1941) und Großbritannien (1941-1952). Diese kolonial-kapitalistische Durchdringung Eritreas hatte eine qualitativ andersartige sozioökonomische und politische Entwicklung als in Äthiopien zur Folge, die auch zur Herausbildung einer eigenständigen eritreischen Identität führte.

Im Zuge der kolonialen Nutzung Eritreas durch Italien vollzogen sich in der eritreischen Bevölkerung weitreichende soziale und wirtschaftliche Wandlungsprozesse. Eritreer wurden in moderne, kapitalistische Produktionsprozesse einbezogen, als billige Arbeitskräfte bei Infrastrukturvorhaben (z.b. beim Straßen-, Eisenbahn- und Hafenbau), in der Leichtindustrie, auf den kommerziellen Farmen und Plantagen der Italiener. Ferner wurden zahlreiche Eritreer als Soldaten der italienischen Kolonialarmee eingegliedert. Diese Einbeziehung in den modernen Sektor war von einer wachsenden Verstädterung begleitet; um 1940 lebten etwa 20 % aller Eritreer in Städten und war die Einwohnerzahl der Hauptstadt Asmara auf ca. 100.000 angestiegen. Auf dem christlichen Hochland wurden weite Teile der fruchtbarsten landwirtschaftlichen Flächen enteignet und italienischen Kolonisten zur kommerziellen Nutzung (z.b. Anbau von Zitrusfrüchten, Baumwolle, Kaffee) überlassen. Dadurch wurde die traditionelle Struktur der ländlichen Gesellschaft (Dorfgemeinschaften mit vornehmlich kommunalem Landeigentum) ebenso erschüttert wie die Machtstellung feudaler Grundherren (u.a. auch der äthiopischen Kirche). Es entstand in Eritrea eine typisch koloniale (und rassistische) Siedlergesellschaft (die Zahl der italienischen Kolonisten stieg von 5.000 auf über 50.000 im Jahre 1935 an), auf deren unteren Hierarchie-Rängen sich infolge des Arbeitskräftebedarfs der kolonial-kapitalistischen Ökonomie und des kolonialen Staatsapparates der Kern einer eritreischen Industrie- und Landarbeiterschaft und eines eritreischen Kleinbürgertums (z.B. kleine Händler und Verwaltungsangestellte, Unteroffizier der Kolonialarmee, Intellektuelle) herausbildete.

Unter der britischen Kolonialverwaltung (1941 - 1952) setzten sich die vom italienischen Kolonialkapitalismus ausgelösten sozio-ökonomischen und politischen Wandlungsprozesse weiter fort. Die Engländer lockerten die von den Italienern gegenüber der eritreischen Bevölkerung verhängten Restriktionen (z.B. Aufhebung der Rassenschranke, Ausbau und Öffnung des Schulwesens, Ausbau des Gesundheitswesens, Erweiterung der kommerziellen

Bestätigungsmöglichkeiten) und erlaubten den Eritreern die politische Bestätigung in Parteien, Gewerkschaften und im Pressewesen.

Durch Beschluß der Vereinten Nationen wurde Eritrea im Jahre 1952 gegen den Willen eines großen Teils der eritreischen Bevölkerung in einer Föderation mit Äthiopien vereinigt. Von Beginn an schien jedoch klar zu sein, daß Äthiopien die Eigenständigkeit Eritreas nicht tolerieren würde; zu kraß waren die politischen, wirtschaftlichen, sozialen und kulturellen Gegensätze zwischen den Föderationspartnern. Der kaiserlichen Autokratie (Kaiser Haile Selassie) standen die bürgerlich-demokratischen Freiheitsrechte und Organisationsformen (u.a. Parteien, Gewerkschaften) der Eritreer gegenüber; der noch weitgehend feudalistisch-traditionellen Gesellschaft Äthiopiens die bereits teilweise durchkapitalisierte und teilindustrialisierte Gesellschaft Eritreas mit ihrem vergleichsweise hohen Arbeiter- und Kleinbürgeranteil. Im Interesse der kulturell-ideologischen Vorherrschaft ihres Shoa-Amharentums konnte die äthiopische Zentralgewalt auch nicht die Konkurrenz des Tigrinya und anderer lokaler eritreischer Sprachen dulden. Insgesamt schien Eritrea innerhalb des äthiopischen Reichsverbandes einen gefährlichen Fremdkörper darzustellen, der nicht nur den Souveränitäts- und Legitimitätsanspruch des Kaisertums zu unterminieren, sondern auch zu einem attraktiven Modellfall für andere unzufriedene Regionen und Bevölkerungsgruppen Äthiopiens zu werden drohte. So begann die äthiopische Zentralgewalt systematisch auf die Aushöhlung und schließliche Aufhebung der eritreischen Förderationsrechte hinzuarbeiten. In Reaktion darauf begann im Jahre 1961 der eritreische Aufstand, der aber die förmliche Annektierung Eritreas durch Äthiopien im Jahre 1962 nicht mehr verhindern konnte.

Seit 1961 bis heute herrscht ununterbrochen Krieg in Eritrea. Der anfänglich ausschließlich nationalistische, auf politische Unabhängigkeit von Äthiopien zielende Kampf der Eritreischen Befreiungsfront (ELF) nahm in späteren Jahren (seit 1970) unter der Führung der Eritreischen Volksbefreiungsfront (EPLF) auch eine immer stärker ausgeprägte sozial-revolutionäre Dimension an. Insbesondere nach der Revolution in Äthiopien 1974, auf die

die Eritreer zunächst große Hoffnungen gesetzt hatten, eskalierte der eritreische Krieg von einem begrenzten Guerilla- und Anti-Guerillakrieg zu einem teilweise hochtechnisierten konventionellen Bewegungs- und Stellungskrieg, der nicht nur zu anhaltenden Flüchtlingsströmen in den Sudan führte, sondern auch zur Verschärfung der äthiopisch-eritreischen Hungersnöte in den 80er Jahren.

2. DIE INTERNATIONALISIERUNG DER KONFLIKTE

In die vorgestellten Konflikte am Horn von Afrika wurden im Lauf der Jahre immer mehr dritte Mächte, darunter etliche raumfremde Mächte (namentlich die USA und die UdSSR) verwickelt. Zum Teil zogen die Konfliktparteien vor Ort diese Mächte willentlich und gezielt in ihre Auseinandersetzungen hinein, um sich deren politischer, wirtschaftlicher und vor allem militärischer Unterstützung zu versichern, zum anderen aktivierten diese aber auch selbst aus spezifischen nationalen, geopolitischen oder gar globalstrategischen Eigeninteressen heraus ihr Interesse an der Region und den dortigen Konflikten.

Im Zusammenhang mit der langjährigen militärischen Rolle Israels in Äthiopien und der arabisch-islamischen Unterstützung für die eritreische Aufstandsbewegung und die Sache der Somali könnte man die Eritrea- und Somali-Konflikte mit einiger Berechtigung durchaus als eine südliche Fortsetzung des Nahostkonflikts und die Region Horn von Afrika als den "Mittleren Osten" des afrikanischen Kontinents ansehen. Doch wenn auch die arabisch-islamische Staatenwelt grundsätzliche Sympathien für die eritreische und somalische Sache hegte und diese sowohl politisch als auch zum Teil materiell unterstützte, so ergaben sich doch im Lauf der Jahre im Zusammenhang mit veränderten internationalen Konstellationen und innerarabischen Streitigkeiten zum Teil gravierende Positionswechsel gegenüber den Konfliktparteien am Horn. So schwenkten beispielsweise im Zuge der äthiopischen Revolution und Hinwendung zur Sowjetunion seit 1977 Libyen und Südjemen zu Äthiopien über.

Die Haltung der afrikanischen Staaten und der Organisation der Afrikanischen Einheit zu den Konflikten am Horn von Afrika war und ist eindeutig zugunsten Äthiopiens orientiert. Der eritreische Aufstand wird offiziell kaum wahrgenommen und als innere Angelegenheit Äthiopiens angesehen; das Ogadengebiet gilt den meisten OAU-Mitgliedern unstrittig als ein integraler Bestandteil des äthiopischen Staates. Diese Haltung der Afrikaner läßt sich letztlich auf die besonderen Strukturen, Normen und Regeln des afrikanischen Staatensystems zurückführen. Da sich in Ermangelung nationaler Identitäten die Existenz und die Legitimität der afrikanischen Staaten und Herrschaftsgruppen neben der Tradition des anti-kolonialen Nationalismus mehrheitlich auf die kolonial vererbten Grenzen und Territorien gründete, standen die afrikanischen Staatsmänner sezessionistischen Bestrebungen einzelner Bevölkerungsgruppen und diesbezüglichen äußeren Einmischungen ablehnend gegenüber. In diesem Sinne geriet die OAU zu einer Staatengemeinschaft deutlich konservativen Zuschnitts, die zur Bewahrung des fragilen afrikanischen Staatensystems die Beibehaltung kolonial vererbter Grenzen, die Ächtung von Sezessionen, die Nichteinmischung in innere Angelegenheiten und die Sicherung der territorialen Integrität ihrer Mitgliedsstaaten zur zentralen Norm erhob.

Seit 1953 wurden die USA zum wichtigsten Bündnispartner des kaiserlichen Äthiopiens. Als Gegengabe für umfangreiche Militär- und Wirtschaftshilfe erhielten die Amerikaner militärische Nutzungsrechte in Äthiopien (Kagnew-Station in Eritrea nahe Asmara). Die USA sahen im damaligen Äthiopien ein stabiles, konservatives und antikommunistisches Bollwerk gegen den von der UdSSR unterstützten afro-asiatischen Nationalismus und ein militärstrategisch wichtiges Land in einer geopolitisch bedeutsamen Region (Gegenküste zur ölträchtigen arabischen Halbinsel, Seewege durch den Suezkanal und den Ausgang des Roten Meeres, im nordwestlichen Indischen Ozean). Aus diesem Grunde sicherten sie die Herrschaft Kaiser Haile

Selassies nach innen (gegen den eritreischen Aufstand) und nach außen (gegen den somalischen Nationalismus). Auf der anderen Seite erhielt Somalia seit 1963 intensive Militärhilfe von seiten der UdSSR, die hierdurch ein Gegengewicht zum amerikanischen Einfluß am Horn von Afrika schaffen wollte und sich Stützpunkte am Indischen Ozean erhoffte. Vor der Hinwendung zur Sowjetunion hatten sich die Somali allerdings jahrelang vergeblich um Waffenlieferungen von seiten der USA und anderer westlicher Länder (u.a. auch der Bundesrepublik Deutschland) bemüht.

Bis zum Jahre 1977 blieben diese Allianzbindungen relativ stabil; dann wandelten sie sich auf abrupte und dramatische Weise. Die wichtigsten Gründe hierfür waren zum einen die Revolution in Äthiopien von 1974 und deren nachfolgende Radikalisierung sowie zum anderen die Anzettelung des Ogadenkrieges durch Somalia im Jahre 1977. Während die äthiopische Revolution zur politischen Entfremdung zwischen den USA und Äthiopien beigetragen hatte, so führte die somalische Feindseligkeit gegen Äthiopien zum Bruch Somalias mit der Sowjetunion. Bereits im Jahre 1976 hatten die Sowjets zum nachrevolutionären Äthiopien neue politisch-militärische Bande geknüpft und dadurch das Mißtrauen und den Unwillen der USA und Somalias hervorgerufen.

Als die Somali-Regierung sich dann entschloß, auch wider den Willen der UdSSR gegen das durch innere Wirren und den eritreischen Aufstand geschwächte Äthiopien einen Krieg vom Zaune zu brechen, scheinen die USA und andere westliche sowie einige konservative arabische Staaten (namentlich Saudi-Arabien) die Somali durch mehr oder weniger eindeutige Hilfszusagen (die allerdings später nicht eingehalten wurden) zum Losschlagen ermuntert zu haben. Der Krieg wurde jedoch zu einem Fiasko für die Somali. Mit massiver sowjetisch-kubanischer Hilfe gelang es der äthiopischen Armee, die Offensive der Somali zu stoppen und zum Gegenangriff überzugehen. Doch gaben nunmehr die USA eine Garantieerklärung für Somalia ab, dessen Grenzen nicht von der sowjetisch-kubanisch unterstützten Armee Äthiopiens überschritten werden sollten. Hinter den Kulissen scheint es hier ein

Krisenmanagement zwischen den Supermächten gegeben zu haben, um eine direkte west-östliche Konfrontation am Horn von Afrika zu vermeiden. Im Zuge des Krieges kam es zu einem radikalen Wechsel politisch-militärischer Allianzen in der Region. Die UdSSR wechselte von Somalia nach Äthiopien und die USA von Äthiopien nach Somalia. Von nun an bekämpfte die Sowjetunion zur Erhaltung der territorialen Integrität Äthiopiens neben den Somali auch die Eritreer, die sie vor noch nicht allzu langer Zeit politisch-ideologisch als anti-feudale und anti-imperialistische revolutionäre Kraft unterstützt hatte. Die USA wiederum bezogen nunmehr Somalia neben anderen afrikanischen und arabischen Staaten in ihre neue, auf die militärische Sicherung der Golf-Region ausgerichtete Eingreifstrategie (US-amerikanische schnelle Eingreiftruppe) ein.

Der Rüstungswettlauf am Horn von Afrika stellte die wohl deutlichste Manifestation der Einflußnahme der Supermächte in der Region dar. In den sechziger und insbesondere in den siebziger Jahren wurde das Horn von Afrika zu einer der wichtigsten afrikanischen Empfängerregionen für den Import schwerer Waffen und zu einem der stärksten militarisierten Gebiete Afrikas überhaupt. Äthiopien und Somalia rüsteten ihre Armeen mit Kampfflugzeugen und Panzern aus, erhöhten die Personalstärken ihrer regulären Streitkräfte und paramilitärischen Verbände, verbesserten deren Ausrüstung, Ausbildung und Bewaffnung und bauten die für moderne Armeen kennzeichnenden drei Waffengattungen des Heeres, der Marine und der Luftwaffe weiter aus. Der Rüstungswettlauf am Horn war sowohl ein horizontaler (zwischen den Staaten Äthiopien und Somalia) als auch ein vertikaler (zwischen der äthiopischen Zentralgewalt und verschiedenen Guerillabewegungen im Lande, namentlich der eritreischen). Derzeit umfassen die äthiopischen Streitkräfte (inklusive Miliz) ca. 250 000 Mann, die somalischen Verbände (ebenfalls inklusive Miliz) ca. 60 000 Mann, während die Guerillastreitkräfte innerhalb Äthiopiens auf mindestens 40 000 Kämpfer geschätzt werden. Zur Niederwerfung der Somali im Ogadenkrieg und der Eritreer in Nordäthiopien brachten die Sowjets seit 1977 enorme Mengen modernen Kriegsmaterials nach Äthiopien, abgesehen von Tausenden kubanischer Kampftruppen, die bis vor kurzem noch vornehmlich zur Sicherung des Ogadengebiets eingesetzt waren. Durch den massiven Einsatz modernsten Kriegsgeräts hat sich auch der Zerstörungsgrad des kriegerischen Konfliktaustrags am Horn von Afrika erhöht.

Dies bekommt vornehmlich die Zivilbevölkerung Eritreas am eigenen Leibe zu spüren, die seit Jahren unaufhörlichen Luftangriffen unter Einsatz von Brand- und Splitterbomben ausgesetzt ist. Doch ist es der äthiopischen Armee auch mit intensiver sowjetischer Unterstützung trotz zahlreicher Offensiven bis heute nicht gelungen, die eritreische Aufstandsbewegung niederzukämpfen. Die Opfer der Kriegshandlungen am Horn von Afrika seit 1960 werden auf ca. 200 000 Tote, 100 000 Versehrte und 100 000 Waisenkinder geschätzt, die Anzahl der Flüchtlinge aus Äthiopien nach Somalia und in den Sudan auf ca. 1,2 Millionen Menschen. Die indirekt durch die Kriegshandlungen infolge von Hunger und Krankheit Gestorbenen lassen sich kaum ermitteln. Im Jahre 1984 wurde geschätzt, daß ca. 43 % der Fläche Äthiopiens und ca. 30 % der äthiopischen Bevölkerung in Kriegshandlungen einbezogen waren.

Auf diesem Hintergrund wird die große politische und militärische Mitverantwortung der Supermächte am Horn von Afrika besonders deutlich. Ihre politische, wirtschaftliche und vor allem militärische Unterstützung der Kontrahenten in der Region lief mehr oder weniger eindeutig auf eine Parteinahme in den dortigen Konflikten hinaus, verhärtete Konfliktpositionen, stärkte den Willen zum gewaltsam-kriegerischen Konfliktaustrag und ermöglichte einen solchen materiell und militärtechnisch. Durch die intensivierte politische und waffentechnologische Anbindung an die Supermächte erhöhte sich der Grad der Außenabhängigkeit der Staaten am Horn (u.a. erhebliche Verschuldung Äthiopiens gegenüber der Sowjetunion infolge von Waffenkäufen). Vergegenwärtigt man sich nun, daß Äthiopien und Somalia zu den ärmsten Ländern der Erde gehören, zu deren vornehmsten Aufgaben die Sicherstellung der Ernährung ihrer Bevölkerungen gehören sollte (was nicht zuletzt die äthiopische Hungersnot in den achtziger Jahren dringend anmahnte!), so stellt sich die Frage nach dem Sinn und der Rationalität kriegerischen Konfliktaustrags ebenso wie nach dem von raumfremder Einmischung und Militärhilfe. Die Konflikte am Horn von Afrika lassen sich kaum dauerhaft militärisch lösen, sondern erfordern politische und soziale Maßnahmen und Instrumente. Den raumfremden Mächten und namentlich den Supermächten stünde es besser an, anstelle von Militärhilfe eher vermehrte Wirtschafts- und Entwicklungshilfe zu leisten und politischen Druck auf die regionalen und lokalen Streitparteien auszuüben, sich um friedliche Lösungen ihrer Konflikte zu bemühen.

3. DIE LÖSUNG DER KONFLIKTE

Doch leider scheinen die Interessen sowohl der Interventionsmächte als auch der Kontrahenten vor Ort vorerst immer noch - trotz einiger hoffnungsvoller Ansätze - solchen Lösungen hinderlich zu sein. Die Somali haben zwar infolge des verlorenen Krieges einen gewissen politischen Ernüchterungsprozeß durchmachen müssen, doch ist für sie das ungelöste Grenzproblem und die Idee eines "Größeren Somalia" auch weiterhin eine nationale Identitäts- und Prestigefrage, die es jedweder somalischen Regierung innenpolitisch schwer macht, eine echte Entspannung mit Äthiopien einzuleiten. Doch gibt es immerhin seit 1986 Kontakte und Gespräche zwischen den verfeindeten Staaten und seit Frühjahr 1988 eine Übereinkunft über Entspannung und Vertrauensbildung. Parallel dazu ist Äthiopien darum bemüht, unilaterale Maßnahmen im Rahmen der neuen Verfassung das Ogadengebiet noch fester dem äthiopischen Staatsverband einzugliedern, um dadurch die normative Kraft des Faktischen zu stärken und die Grenzziehung zu Somalia irreversibel zu machen.

Im Falle des Eritrea-Konflikts ist seit Jahren eine Situation des faktischen politisch-militärischen Gleichgewichts gegeben. Weder sind die

Äthiopier stark genug, die Eritreer dauerhaft niederzuringen noch sind diese
dazu fähig, die Sezession von Äthiopien zu vollziehen. Eine solche Situaion
spräche eigentlich für eine politische Verhandlungslösung des Konflikts. Doch
blieben die offiziellen Positionen der Konfliktparteien bis heute unvereinbar.
Während die äthiopische Zentralregierung unverändert regionale Autonomie
anbietet und im Rahmen der neuen Verfassung dekretiert hat sowie zugleich
die militärische Bekämpfung der Eritreer fortsetzt, verkünden diese weiterhin
die nationale Unabhängigkeit Eritreas als Ziel ihres Kampfes. Zwar sprach
sich die EPLF im November 1980 und seitdem immer wieder für ein
international überwachtes Referendum aus, in dem sich die eritreische
Bevölkerung entweder für die volle Unabhängigkeit Eritreas, für eine
föderative Verbindung mit Äthiopien oder aber für eine regionale Autonomie
entscheiden sollte, doch tat sie dies offenbar im vollen Vertrauen darauf, daß
eine eindeutige Mehrheit für die Unabhängigkeit votieren würde.

Doch aus Gründen der Lebensfähigkeit Äthiopiens (gesicherter Zugang
zum Meer, Verhinderung einer internen Destabilisierung) würde wohl jedwede
äthiopische Zentralregierung den Eritreern die nationale Unabhängigkeit
kaum jemals aus freien Stücken gewähren. Auch angesichts des sowjetischen
(und vorher ebenso amerikanischen) Beharrens auf der territorialen
Unversehrtheit Äthiopiens und der Ablehnung von Sezessionen und Grenzver-
änderungen durch die afrikanischen Staaten bestehen kaum Chancen für eine
international geförderte und abgestützte Unabhängigkeit Eritreas. Eine
föderative Lösung wäre allerdings nur dann funktionstüchtig, wenn den
Eritreern angesichts ihrer schlechten historischen Erfahrungen (mit der ersten
Föderation) eine echte und vor allem unverletzbare Eigenständigkeit
zugestanden und garantiert würde.

LITERATURHINWEISE

Bitima, T.,
und Steuber, J.: Die ungelöste nationale Frage in Äthiopien. Studie zu den Befreiungsbewegungen der Oromo und Eritreas. Frankfurt/M.-Bern 1983.

Gorman, R.F.: Political Conflict on the Horn of Africa, New York 1981.

Lewis, I.M. (ed): Nationalism and Self-Determination on the Horn of Africa. London 1982.

Markakis, I.: National and Class Conflict in the Horn of Africa. Cambridge usw. 1987.

Matthies, V.: Der Grenzkonflikt Somalias mit Äthiopien und Kenya. Analyse eines zwischenstaatlichen Konflikts in der Dritten Welt. Hamburger Beiträge zur Afrika-Kunde, Band 21, Institut für Afrika-Kunde, Hamburg 1977.

Matthies, V.: Der Eritrea-Konflikt. Ein "Vergessener Krieg" am Horn von Afrika. Arbeiten aus dem Institut für Afrika-Kunde 34, Institut für Afrika-Kunde, Hamburg 1981.

Matthies, V.: Der Ogadenkrieg zwischen Somalia und Äthiopien 1977/78: Ursachen, Verlauf und Folgen, in: Afrika Spectrum 87/3.

DER SUDAN: POLITISCHE UND WIRTSCHAFTLICHE PERSPEKTIVEN DER ENTWICKLUNG IN EINEM LAND DER "VIERTEN WELT"

Rainer Tetzlaff

Als Allah die Welt erschuf, hat er das Land, das heute Sudan heißt, mit natürlichen Reichtümern nur kärglich ausgestattet. Abbauwürdige Bodenschätze sind kaum vorhanden, der Regen fällt meistens spärlich und in den vergangenen Jahren recht unregelmäßig; die semiariden Böden sind für Viehzucht und Transhumance geeignet, aber jenseits des Niltals, in dem 60% der Sudanesen leben, ist künstliche Bewässerung nötig, um Marktprodukte wie Zucker, Baumwolle oder gar Weizen anzubauen. 25% der Staatsfläche sind Vollwüste, weitere 20% sind Halbwüste. Hier liegen die Niederschläge zwischen 50 mm im Norden und 250 mm im Süden bei elf bis zwölf Trockenmonaten im Jahr. Die Vegetationsperiode beschränkt sich auf wenige Wochen im August.

In der Hauptstadt Khartoum und in Omdurman, dem Stadtteil von Groß-Khartoum, wo Blauer und Weißer Nil zusammenfließen, wird es dann unerträglich heiß. Das Thermometer erreicht täglich Durchschnittstemperaturen von 41 Grad Celsius. Die Studenten fahren in ihre Dörfer und Heimatorte zurück, und die Dozenten verbringen die heißen Monate gern auf Bildungsreise im kühlen europäischen oder nordamerikanischen Ausland. Den restlichen 20 Millionen Sudanesen hingegen bleibt nichts anderes übrig, als Hitze und Sandstürme zu ertragen oder aber als "Gastarbeiter" nach Saudiarabien, Kuweit und die Golf-Emirate zu den reichen Vettern jenseits des Roten Meeres zu ziehen. Damit ist das Thema angesprochen, das neben dem Bürgerkrieg die Bevölkerung am meisten plagt: die Armut.

Der Sudan gehört zu der Ländergruppe der sogenannten Vierten Welt oder im Jargon der UNO, zur Gruppe der "am wenigsten entwickelten Länder" (LLDCs). Zu ihr zählen 26 Länder aus Afrika, 9 aus Asien und als einziges lateinamerikanisches Land Haiti. Sie haben ein Brutto-Sozial-Produkt pro Kopf von weniger als 250 Dollar, einen Anteil der Industrie an der Gesamtproduktion des Landes von weniger als 10% und eine Alphabetisierungsquote von weniger als 20% unter der Bevölkerung über 15 Jahren (nach UN-Kriterien vom Jahr 1971).

Diese 36 Staaten machen mit ca. 300 Mio. Menschen knapp 9% der Bevölkerung der Dritten Welt aus. Das entspricht aber nur 30% der "absolut Armen" (nach Kriterien der Weltbank). Allein in Indien, das nicht zu den LLDCs gehört, leben mehr arme Menschen als in der ganzen "Vierten Welt" zusammen. Die "Vierte Welt" ist also nicht gleichbedeutend mit der "Welt der Armen", die auf den asiatischen Kontinent konzentriert ist. Das Nilland Sudan hingegen gehört zur "Welt der Armen" und zur "Vierten Welt".

Armut gibt es in verschiedenen Formen und kann diverse Ursachen und Gründe haben. Für den Sudan möchte ich drei Hauptformen unterscheiden:

1. Die **absolute Armut** der Flüchtlinge aus Äthiopien-Eritrea und aus dem Tschad, der Dürre-Opfer im Westen des Landes (in den Dornbusch- und Trockensavannen von Kordofan und Darfur) und schließlich die absolute Armut der städtischen Slumbewohner von Khartoum im Norden und von Juba im Süden. Hier vegetieren Menschen in Siedlungen ohne Wasserleitung und Elektrizität, ohne Schmutzwasserkanalisation und Müllbeseitigung und - was wohl das schlimmste ist - ohne Arbeit. Wer keine Arbeit findet, hat kein Einkommen, und ohne Arbeitseinkommen stellt der Slumbewohner eine Existenz ohne Kaufkraft dar - ein Mensch, der konsumiert, ohne zu produzieren, weil das, was er anzubieten hat   - Arbeitskraft - wertlos ist. Danach besteht keine Nachfrage. Dies bedeutet, daß er auf Bettelei, Diebstahl, Prostitution und Verbrechen angewiesen ist, um zu überleben.

In den letzten Jahren der Numeiri-Diktatur wurde Dieben Hand oder Fuß abgehackt, um der wachsenden Plage der Stehlerei Einhalt zu gebieten, wobei sich die Richter im Zuge der Islamisierung des Rechtswesens auf den Koran beriefen. Aber gerade fromme Moslems wie auch die Bildungselite im

Sudan lehnten diese Strafaktionen einer ratlos und zynisch gewordenen Regierung ab und verwiesen auf die Bestimmung im Koran, nach der Diebe, die aus purer Not Mundraub begehen, nicht mit drakonischen Mitteln der Amputation von Gliedmaßen bestraft werden dürfen.

2. Neben den Formen der absoluten Armut gibt es die relative Armut bei Stadtbewohnern wie bei der Landbevölkerung, d.h. unter Kleinbauern, Wanderarbeitern, Tagelöhnern und "Felata". Letztere - auch "Westerners" genannt - sind innerhalb der vergangenen 200 Jahre aus Westafrika (aus den Fulani-Gebieten) in den Sudan gekommen; andere kamen aus dem Tschad und aus Zentralafrika. Ein Hauptmotiv für diese innerafrikanische West-Ostwanderung über 3000-4000 km ist der Wunsch, Mekka, die heilige Stadt des Propheten, zu besuchen. Die Muslim-Pilger, oft junge Männer, die sich zugleich auf der Suche nach Arbeit befinden, bleiben häufig im Sudan hängen und gründen Familien. Wohl nur der kleinere Teil von ihnen erreicht Mekka und kehrt nach mehrjähriger Pilger-Arbeitsreise in ihr Ursprungsland zurück.

Auf ihrer West-Ost-Passage haben die Pilger drei Hindernisse zu überwinden, die sich ihnen in den Weg stellen: zuerst die Sahara, das Sandmeer der Wüste, das sie mit dem Kamel durchqueren; das zweite Hindernis ist der Nil, an dessen Ufern sich die großen Bewässerungsplantagen der Baumwollprojekte befinden; und die dritte Nord-Süd-Barriere auf dem Weg nach Mekka ist das Rote Meer; fast ein arabisches Binnenmeer.

Für viele Pilger, die den Nil überqueren müssen, wird die "Gezira" zum Verhängnis. Mit "Gezira" bezeichnet man die etwa 1 Million Hektar Land zwischen Blauem und Weißem Nil, das seit den 30er Jahren mittels künstlicher Bewässerung mit Baumwolle bestellt wird. Um die Jahrhundertwende waren die Briten in ihren Kolonien auf der Suche nach einem Fleckchen Erde gewesen, auf dem sie selbst Baumwolle anbauen konnten, um somit von den Exporten aus den USA, ihren abtrünnig gewordenen Kolonien von einst, unabhängig zu werden. Die Engländer haben hier bis zu ihrem Abzug 1955 das größte zusammenhängende Baumwollplantagensystem Afrikas errichtet.

Auch nach Erlangung der Unabhängigkeit sahen die neuen Herren in Khartum - Damen waren und sind von der Teilhabe an der politischen Macht ausgeschlossen - keinen Grund, das kolonialwirtschaftliche Produktionssystem zu ändern. Im Gegenteil, man vergrößerte sogar noch die Fläche, mit der das Land dem Weltmarkt verbunden und in die internationale Arbeitsteilung integriert worden war. Nach wie vor hatten und haben die Gezira-Bauern als Pächter die Baumwolle für den Export zu bestellen, so wie das Gezira-Management (der "Sudan Gezira Board", bis 1950 das britische "Sudan Plantation Syndicate") es ihnen anordnete und von einem Heer von angestellten Beratern überwachen ließ. Der Staat schließlich stellte und stellt Pachtland und Nilwasser zur Verfügung, wofür er, einschließlich Steuern, 36% des Nettoertrages der jährlichen Baumwollernte erhält. Die Pächter, die vor allem den Bewässerungsanbau übernehmen und die arbeitsintensive Baumwollernte mittels Saisonarbeitern organisieren müssen, erhalten neuerdings 47% des Erlöses; das restliche Fünftel teilen sich der Gezira-Board und die Provinzregierung in Kosti.

Im Gezira-Gebiet sind heute ca. 100 000 Pächter tätig, die Farmen von durchschnittlich 8-17 ha bewirtschaften. Nicht zuletzt die Anzahl der arbeitsfähigen Söhne entscheidet, ob ein Gezira-Bauer Kapital akkumulieren kann oder in die Verschuldungsfalle gerät. Die Tatsache, daß Töchter nicht auf die Felder geschickt werden, sondern im allgemeinen in Haus und Hof arbeiten oder auf Schulen geschickt werden, kann als Hinweis auf einen relativen Wohlstand bzw. hinlängliches Familieneinkommen gewertet werden. Dörfer nämlich, in denen der männliche Landbewirtschafter für sich und seine Familie weniger als das tägliche Existenzminimum erwirtschaften würde, könnten wohl Wege und Mittel finden, die islamisch-kulturellen Vorbehalte gegen Plantagenarbeit der Frauen zu überwinden, einfach um zu überleben. Ein Gezira-Pächter hingegen zieht es vor, für die unangenehmsten Arbeiten auf dem Felde billige Lohnarbeiter anzuheuern. Auf 100 000 Pächter der Gezira kommen ca. 500 000 Saison- und Gelegenheitsarbeiter, die während der Baumwollernte als Pflücker zu Hungerlöhnen beschäftigt werden. In manchen Jahren ist es vorgekommen, daß die reifen Baumwollkapseln nicht geleert werden konnten, weil es an Menschen fehlte, die bereit waren, zu den angebotenen Hungerlöhnen die mühselige Erntearbeit vorzunehmen. Mancherorts wurden daher importierte Baumwollpflückmaschinen eingesetzt; d.h.: vor die Wahl gestellt, entweder angemessene Löhne für Saisonarbeiter zu bezahlen oder knappe billigste Arbeitskräfte durch teure Maschinen, im Ausland auf Pump besorgt, zu ersetzen, haben einige Betriebe die kapitalintensive Möglichkeit bevorzugt. Daß diese Praxis entwicklungspolitischer Unsinn ist, liegt auf der Hand, ist aber dadurch zu erklären, daß es beim Kauf von Maschinen aus dem westlichen Ausland immer spezielle "Animateure" gibt, Mittler, die den Kunden ermutigen, prestigeträchtige Waren zu importieren, solange der Kunde kreditwürdig erscheint oder aber eine entwicklungspolitische Institution für die Bezahlung der Lieferung einsteht.

Daß die Gezirapächter vor allem in schlechten Erntejahren ihre Tagelöhner so gering bezahlen, liegt u.a. auch an den schwankenden Preisen bzw. Nettoerlösen, die sie selber aufgrund starker Preisbewegungen auf dem Weltmarkt erzielen. Dennoch gehören die 100 000 Gezira-Pächter, die im Sudan die kolonialwirtschaftliche Kontinuität symbolisieren, zu den relativ privilegierten Gruppen: Denn neben dem Baumwollanbau sind sie in der Lage, auch noch ihre eigenen Hirse- und Gemüsefelder zu bestellen und ein paar Ziegen und manchmal sogar Rinder weiden zu lassen, wozu sie bislang auch die Produktionsmittel des Gezira-Boards, vor allem das kostbare Nilwasser und das Land, mitbenutzten. In Zeiten knapper Arbeitskräfte oder sinkender Erlöse für Baumwolle lag es nahe, daß die Gezira-Pächter ihrer eigenen Subsistenzproduktion den Vorrang gaben und dabei den Anbau von "cash crops" für das Gezira Board - also Baumwolle oder in geringerem Umfang auch Erdnüsse und Sesam - vernachlässigten.

Es bedarf keiner längeren Begründung, daß den staatlichen Behörden im Sudan sowie auch den Gläubiger-Banken im Ausland das "egozentrische" Verhalten der Gezira-Bauern mißfiel: in normalen Jahren erbrachten Anbau und Export von Rohbaumwolle etwa 30% - 50% aller Staatseinnahmen, - also

Devisen, mit denen die politische Elite ihre importierten Konsumgüter bezahlen und die Gläubiger ihre Kredite verzinst und getilgt bekommen konnten. Fiel die Baumwollproduktion von ca. 900 000 Ballen auf 500 000 Ballen - wie zwischen 1979 und 1981 geschehn -, so bedeutete dieser indirekte Anbauboykott der Gezira-Bauern einen empfindlichen Schlag für die Reichen und Mächtigen: sie konnten weniger importieren und auch Luxuswaren aus dem goldenen Norden - von der Coca Cola-Flasche über Nestle-Trocken-Milch bis hin zu Medikamenten, Maschinenpistolen und Mercedes-Benz-Limousinen - weniger konsumieren.

Irritiert wandte sich daher die Regierung in Khartum, die seit 1969 von Oberst Numeiri präsidiert wurde, an die Weltbank und an bilaterale Entwicklungsorganisationen mit der Bitte, die traditionelle Cash Crop-Produktion "zu rehabilitieren". Mittels neuer Warenkredite und Preisanreize für die Produzenten glückte die Ankurbelung der Produktion Mitte der 80er Jahre, ohne daß sich jedoch etwas an der katastrophalen Zahlungsbilanzsituation des Landes änderte.

Im folgenden interessiert vor allem die Frage, warum eine Einrichtung wie die Baumwollplantage der Gezira, die den britischen Kolonialherren jahrzehntelang hohe Gewinne bei geringen Verwaltungskosten eingebracht hatte, im Verlauf von zwei bis drei Jahrzehnten aus dem Ruder lief und mehr öffentliche Kosten verursachte als volkswirtschaftlichen Nutzen bescherte. Weil ähnliche Vorgänge in anderen Rohstoff exportierenden Entwicklungsländern zu beobachten sind, soll dieser Fall hier exemplarisch als ein Strukturproblem von Ländern der Vierten Welt geschildert werden.

Für den Rückgang der wirtschaftlichen Nutzeffekte aus der Baumwollproduktion sind mindestens drei Gründe auszumachen: Zum einen veränderte sich seit der Unabhängigkeit das Zahlenverhältnis zwischen Produzenten und Konsumenten zuungunsten ersterer. Die britischen Kolonialherren hatten vor allem daran Interesse gehabt, möglichst viele Afrikaner für sich und den Weltmarkt arbeiten zu lassen, um über den Export eine maximale Rendite zu erzielen - zahlbar in Britischem Pfund. Daher war man bestrebt, den personellen Aufwand zur Aufrechterhaltung der Ausbeutung möglichst gering zu halten. Die Erfindung der Indirect Rule des Lord Lugard z.B. war ein Mittel, diese Ziel zu erreichen; es wurde auch im Sudan erfolgreich eingesetzt.

Das Interesse der sudanesischen "Staatsklasse", bestehend aus verwestlichten Staatsangestellten, Offizieren, Händlern und Lehrern, die in den 50er Jahren das Erbe der britischen Kolonialmacht antrat, war aber nicht dasselbe: wohl achteten auch sie darauf, daß die Gezira-Pächter weiterhin die Produkte anbauten, die auf dem Weltmarkt als Rohstoffe nachgefragt wurden, aber gleichzeitig waren sie bestrebt, die Verwaltungskader zu afrikanisieren und überhaupt möglichst viele junge Sudanesen in den Staatsdienst zu übernehmen. Erstens brauchte man talentierte Leute, um all die vielen Aufgaben realisieren zu können, die man sich vorgenommen hatte, vor allem die agroindustrielle Entwicklung des Landes, und zweitens konnte man so die eigene Herrschaft legitimieren: nicht durch sparsame Haushaltungsführung, sondern durch Schaffung von Arbeitsplätzen in der Staatsverwaltung.

Über Nacht schienen sich Funktion und politischer Charakter der öffentlichen Verwaltung verändert zu haben: aus einem Herrschaftsinstrument zur Unterdrückung von kolonisierten Untertanen wurde ein nützlicher prestigeträchtiger Apparat, der sich für die aufstrebende Bildungselite als Karriere-Leiter, wenn nicht gar als Fahrstuhl zu Erfolg und persönlichem Reichtum, verwenden ließ.

Noch vor wenigen Jahren wurde jedem Absolventen einem Gymnasiums im Sudan (wie auch anderswo in Afrika) ein fester angemessener Arbeitsplatz im Staatsdienst garantiert - eine Politik, die sich sehr wohl als Überkompensation für die begrenzten Ausbildungs- und Aufstiegschancen unter den knausrigen Kolonialherren verstehen ließ, die aber nichtsdestoweniger finanziell und arbeitsmoralisch bedenkliche Langzeitfolgen haben mußte. Zwischen 1955 und 1975 verachtfachte sich die Zahl derer, die bei "Väterchen Staat" auf der Lohn- und Gehaltsliste standen, von ca. 50 000 auf über

400 000. Noch dramatischer verlief die Personalexpansion beim Militär. Zur Zeit der Unabhängigkeit bestand die "Sudan Defense Force" aus nur 5000 Soldaten, mit denen immerhin ein Territorium von 2,5 Millionen Quadratkilometer Größe - zehnmal so groß wie die Bundesrepublik Deutschland - unter Kontrolle gehalten wurde. Das amerikanische "Area Handbook" für den Sudan beschrieb 1973 die Truppe als "sorgfältig ausgewählt, diszipliniert und gut geschult". Auf jeden freien Platz in der Truppe erhielt die Kolonialverwaltung zehn Bewerbungen - also schon vor der Wende von 1955 war der Zulauf zum Staatsdienst erstaunlich groß.

In wenigen Jahren danach wurde aus der kolonialen Elite-Truppe, die seit Ende des 2. Weltkrieges wenig zu tun gehabt hatte, eine stattliche Armee von 50 000 Mann. Diese Verzehnfachung des Militärpersonals im Gefolge der Afrikanisierung ist leicht zu erklären: Während die Briten im kriegerischen Ernstfall stets auf ihre nationale Armee in England sowie auf Elite-Einheiten in anderen Commonwealth-Ländern zurückgreifen konnten und deshalb in den einzelnen Kolonien nur wenige "Law-and-Order-Verbände" unter Waffen halten mußten, hatten die neuen Machthaber in den Ex-Kolonien mit den lokalen Kräften auszukommen, die ihrem Kriegsminister im Ernstfall gehorchen würden. Und da die neuen Herren dunkler Hautfarbe von den alten Herren blasser Hautfarbe gelernt hatten, gesellschaftliche Konflikte am raschesten mittels blankgeputzter Gewehre zu "lösen" - der Mau-Mau-Krieg im benachbarten Kenia lag nur wenige Jahre zurück und die nationale Erinnerung an die Kriege der Mahdisten gegen die Briten und der Briten gegen die Mahdisten beschwor scheinbar die Notwendigkeit einer Politik militärischer Stärke - fiel den zivilen wie militärischen Politikern in Khartoum seit 1955 nichts anderes ein, als die personell aufgeblähte Kolonialtruppe gegen die eigenen Brüder und Schwestern im Süden des Landes einzusetzen. Ein Anlaß dazu bot sich, als diese sich wegen ungerechter Verteilung der freiwerdenden Minister-, Direktoren- und Generalsposten gegen die Diskriminierung aus Khartoum empörten und in ihrer Verzweiflung zu den

Waffen griffen. Die viel gepriesene Pax Britannica war beim ersten kühlen Lufthauch im Sudan wie eine Seifenblase zerplatzt.

Der Bürgerkrieg dauerte 17 Jahre, bis jüngere Militärs nasseristischer Orientierung aus dem Norden die Auswegslosigkeit ihres Tuns einsahen und zum Waffenstillstand bereit waren - eine Einsicht, die ihnen durch die katastrophale Finanzlage erleichtert wurde: 1970/71 war der Anteil der Militärausgaben am ordentlichen Finanzhaushalt auf ein Drittel gestiegen. Oberst Numeiri, der sich im Mai 1969 an die Macht geputscht hatte, fand sich bereits drei Jahre später das Addis-Abeba-Übereinkommen zu unterzeichnen, das dem Süden relative Autonomie in einigen Fragen der internen Politik, der Religionsausübung und der Erziehung versprach. Außerdem wurde die Integration von 200 Offizieren und 6000 Freischärlern der Rebellenarmee in die nationale Armee versprochen. Als dann 9832 Kämpfer ihre Eingliederung in die Streitkräfte des Sudan beantragten, wurde großzügig verfahren: Im Vertrauen auf die unbegrenzten Reserven der Staatskasse wurden kurzerhand die überzähligen 3600 Kämpfer auch noch auf die Gehaltslisten gesetzt, und zwar bei der Polizei, als Gefängniswärter sowie als Hilfsarbeiter in der Zivilverwaltung. Für viele Southerners schienen goldene Zeiten angebrochen zu sein. Aber was nutzte es, bei "Väterchen Staat" in Lohn und Brot zu stehen, wenn das "Väterchen" sehr bald Pleite war, die Gehaltszahlungen an seine Diener zwar genehmigte, de facto aber das Geld nicht überwies und somit seine darbenden Mitarbeiter zu Korruption und zu illegalen Nebenverdiensten, bis hin zur organisierten Wilderei bei Nashörnern und Elefanten, verleitete? Elf Jahre später griffen die "Southerners" erneut zu den Waffen, um sich aus den Krallen ihres allmächtigen Peinigers, zu dem Präsident Numeiri in ihren Augen verkommen war, zu befreien. Konnten die Oppositionellen um den desertierten Offizier Dr. John Garang, dem Präsidenten der "Sudan People's Liberation Army", wissen, daß der Staatspräsident selber in der Verschuldungsfalle zappelte und Mühe hatte, immer neue Kredite aufzutreiben? Sie konnten es, und dennoch hingen sie der verständlichen Illusion nach, wenn sie erst einmal den Tyrannen vom politischen Thron gestoßen haben würden,

würden sich alle anderen Dinge wie von selbst ergeben. Diesen Traum hatte erstmals Kwame Nkrumah von Ghana geträumt - vor nun bald dreißig Jahren -, und er selbst hatte wesentlich zum wirtschaftlichen Ruin seines Landes beigetragen. - In Afrika kommen und gehen die Diktatoren: oftmals beginnen sie als Retter und werden später als gehaßte Peiniger ihrer Landsleute aus dem Amt gejagt. Diktatoren kommen und gehen, aber die Staatsschulden bleiben.

Der zweite Grund für das Versagen des kolonialwirtschaftlichen Reproduktionssystems liegt an dem verhängnisvollen Mechanismus der leichten Beschaffung von Auslandskrediten für fragwürdige Projekte. Während Kolonialverwaltungen in Afrika und Asien der Maxime folgen mußten, möglichst viel an Devisen für das Mutterland herauszuwirtschaften und Schulden wie Defizite tunlichst zu vermeiden, verfahren die politisch umworbenen Eliten Afrikas seit 1960 in der Regel nach umgekehrter Rationalität: wie läßt sich ein Maximum an Devisen in Form von Auslandskrediten und Zuwendungen aus den Industriemetropolen herausholen, um damit produktive Investitionen, aber auch Modernisierungsträume aller Art zu finanzieren? Im Falle des Sudans ergibt sich dabei ein politisches Phänomen besonderer Art: wie konnte es geschehen, daß dieser Staat mit einem Bruttosozialprodukt von unter 400$ pro Kopf und Jahr und ohnene kommerziell nutzbare Sicherheiten, im Ausland Schulden in Höhe von knapp 10 Mrd. US-Dollar machen konnte? Hinzukommt, daß diese Kredite der Regierung unter Leitung eines Militär-Oberst anvertraut wurden, dessen Reputation als Staatspräsident seit 1972 kaum besser war als die des Schah von Persien: politische Gegner wurden gehenkt, erschossen, inhaftiert oder ins Exil getrieben.

Dieses offensichtliche Paradox läßt sich erklären mit politischen Global-Interessen der Gläubigerstaaten. Numeiris antikommunistische Rhetorik und sein Vorsatz, die Sandbüchse Sudan in einen mit Weizen und Zucker prall gefüllten "Brotkorb" für die arabischen Nachbarstaaten zu verwandeln, scheinen das Nilland in den Augen seiner Gläubiger im Westen fast

grenzenlos kreditwürdig gemacht zu haben - ein für die Sudanesen verhängnis-
voller Leichtsinn! Mit dem Sturz Numeiris im April 1985 durch "seinen" kurz
zuvor ernannten Armeechef Dahab war zwar der Hauptverantwortliche für die
nationale Finanzkatastrophe endlich außer Gefecht gesetzt - er lebt heute mit
schätzungsweise 70 Millionen Dollar Fluchtkapital auf westlichen Auslands-
konten in Ägypten -, aber ebenso kritikwürdig ist das Kreditgebaren jener
Bankiers, Geschäftsleute und angeblichen Entwicklungsexperten im Ausland,
die dem Numeiri-Regime erlaubten, zu werden, was es wurde: eine neue,
schwere Finanzbürde für die 20 Millionen Sudanesen, die nun auch noch mit
dem drückenden Numeiri-Erbe fertig werden müssen. Wie sie auch immer
damit leben werden, jeder Versuch, aus der Verschuldungsfalle auszubrechen,
wird neues Blut, Tränen und noch mehr Armut bedeuten - Armut im Sinne
von erzwungenem "Verzicht" auf die Befriedigung von Grundbedürfnissen und
auf die Hoffnung auf ein menschenwürdigeres Leben.

Damit ist eine dritte Form von Armut thematisiert:
die **relative Armut der Stadtbewohner**, von Leuten also, die zwar geringe
Arbeitseinkommen haben, die aber bei sinkender Kaufkraft ihrer Einkommen
- angesichts inflationärer Preisentwicklung - permanent Not leiden. Aus dieser
Gruppe rekrutieren sich vermutlich die spontanen Demonstranten, die seit
1980 bei den berüchtigten Brotaufständen (oder: "IMF-riots") auf die Straße
gingen und gegen die harten Sparmaßnahmen der Regierung und des
Internationalen Währungsfonds protestierten. Diese viel bescholtene
Austeritätspolitik der Numeiri-Regierung war notwendig geworden, weil ohne
sie das im Ausland hoch verschuldete Land nicht mehr kreditfähig geblieben
wäre. (Heute - im Juni 1986 - hat es nach dem 1985 erfolgten Bruch mit dem
Internationalen Währungsfond diese Fähigkeit ganz eingebüßt.) Offenbar hat
die sudanesische Gesellschaft unter dem Regime ihres eisernen Präsidenten
weit über ihre Einkommensverhältnisse gelebt - so wenigstens sahen es die
Experten des IWF.

Staatspräsident Numeiri, der zu einem Gutteil die hohen Auslands-
schulden des Sudan zu verantworten hat, sah das Problem von einer anderen

Seite. In einem Interview, das er im Mai 1984 einer saudiarabischen Zeitung gab, meinte er:

"Sie sagen, wir hätten 7 Milliarden Dollar Schulden, aber die Frage stellt sich, was die Zahl meint. 7 Milliarden sind doch angesichts der Verluste eines arabischen Unternehmens (das kürzlich in Kuweit pleite ging) unbedeutend. Übrigens wurden diese Gelder im Sudan nicht konsumiert, sondern ihr Wert hat sich (durch produktive Investitionen) vervielfacht. Die Schulden sind gleichbedeutend mit Tausenden von Kilometern Straße, der größten Zuckerfabrik der Welt, die Vergrößerung der bebaubaren Agrarfläche um das Vierfache, fünf neue Universitäten, Hunderte von Schulen" (zitiert nach Mansour Khalid, 1985, S. 250).

Numeiri versuchte also eine Rechtfertigung für die öffentlichen Kredite zu geben, die der Sudan im Ausland aufgenommen hatte, indem er auf scheinbar nützliche Langzeitinvestitionen hinwies. Dieses Argument ist nicht ohne weiteres von der Hand zu weisen: von den etwa 10 Milliarden Dollar Auslandsverbindlichkeiten sollen ca. 2-3 Mrd. Dollar für Entwicklungsvorhaben ausgegeben worden sein; der größere "Rest" jedoch ist durch importierte Konsumgüter, einschließlich Waffen und Benzin, zustandegekommen. In den siebziger Jahren, als offiziell die Brotkorbstrategie befolgt wurde und die staatliche Propaganda goldene Zeiten verhieß, war es zu einem wahren Konsumboom gekommen, der aber aufgrund der rückläufigen Baumwollproduktion nicht durch entsprechende Exporterlöse finanziert werden konnte. Der Grund hierfür war folgender:

Die Rohstoffpreise für Baumwolle und andere "Kolonialwaren" fielen auf dem Weltmarkt; gleichzeitig stiegen die Preise für Lebensmittel und Maschinen, für Düngemittel und Benzin - für Produkte also, die der Sudan in zunehmendem Maße importieren mußte, wollte er nicht ganz auf Neuinvestitionen und Verbesserung der städtischen Lebensverhältnisse verzichten. Der sprunghafte Anstieg der Importkosten war vor allem auf den überproportional wachsenden Öl- und Zuckerverbrauch zurückzuführen, der in der Entwicklungsstrategie und im Konsummuster der sudanesischen Staatsklasse begründet liegt: Die Modernisierung und Mechanisierung der Landwirtschaft (durch Dieselpumpen, Traktoren etc.), der Aufbau technologieintensiver Industriebetriebe und die rasante Zunahme privater Kraftfahrzeuge - selbst Devisen verschlingend -, erforderten ständig wachsende Einfuhren des immer teurer werdenden Öls. Zucker entwickelte sich zu einem Grundnahrungsmittel, dessen Angebot die Regierung den städtischen Massen in ausreichenden Mengen zu erschwinglichen (auch subventionierten) Preisen sichern muß, will sie nicht ihr politisches Überleben durch Unruhen gefährden. Zwischen 1970/71 und 1980/81 stiegen die Zuckerimporte - trotz der Produktion in vier inländischen Fabriken - von 25,0 auf 183,0 Mio $, und die Öleinfuhren verteuerten sich um etwa das Zwanzigfache: von 24 auf 430 Mio $.

Das Beispiel der Kenana-Zucker-Fabrik (bei Kosti am Weißen Nil) - laut Eigenwerbung der Firma "die größte integrierte Zuckermühle und - raffinerie der Welt" - zeigt, welche fatalen Folgen ein einziges mit Auslandskrediten finanziertes Großprojekt für die Ökonomie eines Landes haben kann, das alle produktionsnotwendigen Vorprodukte und Maschinen importieren muß und durch unkalkulierbare Preisbewegungen auf dem Weltmarkt extrem verwundbar ist. Kenana verdankt seine Entstehung dem Vorschlag des Direktors des in Afrika allgegenwärtigen Lonrho-Konzerns T. Roland, den dieser Präsident Numeiri 1971 unterbreitete. Auf der Grundlage außerordentlicher Staatskonzessionen (extrem niedrige Pachtgebühren für Land, kostenfreie Wassernutzung, Steuerfreiheit, Sonderrechte bei der Inanspruchnahme der Eisenbahn etc.) schloß die Regierung im Juni 1972 mit Lonrho einen Projektvertrag, und 1980 konnte endlich die Zuckerproduktion aufgenommen werden.

Die Kosten des Projektes, die ursprünglich nicht mehr als 125 Mio Dollar betragen sollten, wurden im Februar 1983 auf 750 Mio Dollar beziffert. In volkswirtschaftlicher Hinsicht ist das Kenana-Projekt deshalb bedenklich, weil es heute mehr Devisen kostet als erwirtschaftet bzw. einspart. Auf der Kostenseite fallen Devisen an für die Bedienung der Kreditschulden in Höhe von mehreren hundert Mio Dollar, für Investitionen im Rahmen des Fünf-Jahres-Entwicklungsplans (1980-1985) in Höhe von 35 bis 40 Millionen Dollar und für jährliche Betriebskosten (für Ersatzteile, Vermarktung im Ausland, Auslandsreisen, Gehälter ausländischer Experten und Manager etc.) in Höhe von mehr als 30 Mio Dollar.

Aufgrund dieser Zahlen lassen sich die jährlichen Devisenkosten der Firma (einschließlich Schuldendienst) dür die nächsten Jahre auf mehr als 100 Millionen Dollar schätzen; dieser Summe stehen mögliche Einsparungen beim Import von Zucker in Höhe von günstigenfalls 60 Millionen Dollar gegenüber, wenn man einen Importersatz von 300.000 Tonnen und einen Weltmarktpreis von 200 Dollar pro Tonne zugrundelegt. Kenana ist somit ein typischer "weißer Elephant": luxuriös in der Ausstattung, teuer im Unterhalt, dubios in seinem Nutzen, aber prestigeerhöhend für seinen "Besitzer".

Wie teuer Kenana das Land wirklich zu stehen kommt, läßt sich nur ahnen. Das Projekt verursacht mittelbar politische, soziale und ökologische Kosten, die in ihrem Zusammenwirken das Numeiri-Regime destabilisierten. Als Ende 1981 die von Kenana mitverursachte Schuldenkrise der sudanesischen Regierung keine Wahl mehr ließ, als den IWF-Austeritätsforderungen nachzukommen, strich sie - neben Subventionen für Mehl und Benzin - die Subventionen, mit denen der Preis des im Lande produzierten und des importierten Zuckers für die sudanesischen Konsumenten niedrig gehalten wurde. Die daraus resultierenden hohen Preissteigerungen (bei Zucker um 60%) riefen Proteste hervor, in deren Verlauf die Polizei mindestens 26 Demonstranten erschoß.

Verheerende ökologische Folgen wird der mit Kenana mittelbar zusammenhängende Bau des Jonglei-Kanals - ebenfalls ein devisenverschlingendes Großprojekt - aller Voraussicht nach haben. Die 324.000 Hektar große Zuckerplantage von Kenana, für deren Bewässerung pro Minute über zwei Mio Liter Wasser verbraucht werden, hat dazu beigetragen, daß im nördlichen Teil des Sudan und in Ägypten Nilwasser knapp geworden ist und die

Realisierung der alten Jonglei-Kanal-Pläne in Angriff genommen wurde - ein zweifelhaftes Projekt: Die vorgesehene Trockenlegung der Nilsümpfe im Südsudan ("Sudd") wird nach Befürchtungen von Experten eine Umweltkatastrophe unvorstellbaren Ausmaßes hervorrufen. Ökologen warnen davor, daß durch den verminderten Zufluß von Nilwasser zu den Sümpfen der Grundwasserspiegel weit in die Sahelzone hinein absinken und die Wüste in einigen Jahren bis zum Kongobecken vordringen könnte. Klimatische Veränderungen in der gesamten Region werden befürchtet; Experten rechnen mit weniger Regenfällen, verminderter Agrarproduktion und der Ausbreitung des Hungers.

Hieraus läßt sich schlußfolgern: Technologieimport nach Kenana-Muster bedeutet nicht etwa Entwicklungshilfe, sondern *Verarmungshilfe*. Tatsächlich haben großdimensionale, wenn auch gut gemeinte Entwicklungsprojekte viel zum finanziellen Kollaps des Landes beigetragen. Entwicklungsprojekte haben ja immer langfristig wirksame Folgekosten, und diese überfordern - von einer kritischen Größe an - gerade in Armutsländern die staatliche Verwaltung. Im Sudan ist diese Grenze seit langem überschritten.

FAZIT UND AUSBLICK:

Als Ursachen für Armut und Auslandsverschuldung - Quelle ständig neuer Armut - können vier zentrale Faktoren genannt werden:

1. Ein Großteil Schuld am Versagen der Politik nach Erlangung der Unabhängigkeit trägt der Militärstaat (1969-1985): vor allem der Bürgerkrieg (seit 1983) hat das Land in eine Sackgasse manövriert.

2. Es wurde zu viel auf Kredit im Ausland gekauft und damit wurde ständig mehr ausgegeben als eingenommen, wobei es offensichtlich eine ganze Reihe von Gläubigern gab, die allzu leichtsinnig bereit waren, dem ressourcenarmen Nilland fast grenzenlos Kredit zu geben.

3. Mittels vieler Auslandskredite wurden Investitionen getätigt, die entwicklungspolitisch fatal waren, weil sie ohne anhaltende Impulse für die

Stimulierung nationaler Produktivkräfte blieben. Kenana ist das glitzernde Symbol für eine Entwicklungsgigantomanie, die Verarmungshilfe bedeutet.

4. Verfrühte Industrialisierungsversuche unter sich verschlechternden internationalen Rahmenbedingungen (vor allem fallender Rohstoffpreise und erhöhter Energiekosten) führen zu finanziellen Engpässen und verleiten zu einer auf Subventionen basierenden Importsubstitutionspolitik. Somit ist die Behauptung des IWF, die Misere im Sudan läge allein an Mißwirtschaft und Verschwendungssucht der sudanesischen Regierung, zumindest einseitig. Der Sudan als Teil der Weltwirtschaft hatte in den siebziger Jahren gar keine Chancen, der Verschuldungsfalle zu entgehen. Gewiß, das Ausmaß seiner Auslandsverschuldung geht wenigstens zu 50% auf das Konto der Regierung, die anderen 50% haben die Gläubiger zu verantworten. Einigen wird kaum etwas anderes übrigbleiben, als auf ihre Rückforderung zu verzichten.

Und die Moral von der Geschicht? Man könnte meinen: im Sudan nichts Neues - die Geschichte wiederhole sich hier! Aber der Schein trügt: zwar ist wieder ein politisches Regime an seinen eigenen Unfähigkeiten, Fehlern, Verbrechen und Widersprüchen zugrundegegangen und wieder von Armeeoffizieren "gerettet" worden, und die verjagten Vorgänger sind wieder der Korruption und des Verrats an der Nation angeklagt; aber die finanzielle und d.h. international bestimmte Ausgangssituation für einen politischen und wirtschaftlichen Neubeginn ist heute ungleich schlechter für eine Regierung als vor 16 Jahren. Als Numeiri die Macht übernahm, hatte der Sudan "nur" 200 Millionen Dollar Schulden im Ausland; 1985 - bei seinem Sturz - betrugen sie zehn Milliarden Dollar. Für jeden Regierungschef, aber auch für den einfachen Mann und die einfache Frau auf der Straße ist diese Hypothek der Vergangenheit ein Alptraum. Als die protestierenden Massen im April 1985 durch Khartoum zogen, skandierten sie: "Wir wollen nicht vom IWF regiert werden" (dessen Sanierungsmaßnahmen die berüchtigten "Brotaufstände" der Armen gegen die Streichung der Subventionen sowie, als Reaktion darauf, Polizeieinsätze ausgelöst hatten). Dabei hat nicht der IWF die Schulden und die Misere verursacht, sondern Diktator Numeiri im Zusammenspiel mit einem internationalen Macht- und Interessensystem, das es zuließ, daß ihr Held viel zu lange für kreditwürdig gehalten wurde.

Und das scheint die besondere Tragik von Militärdiktaturen wie der des Numeiri im Sudan zu sein: Wäre der Sudan weiterhin (wie vor 1969) von korrupten Parlamentariern und zänkischen, egoistischen Sektenführern regiert worden, dann wäre möglicherweise keine wirkliche Staatsmacht entstanden, die politische Entscheidungen hätte exekutieren können. Andererseits hätte eine Regierung das befreundete Ausland nicht dermaßen lange durch ihre politische Stabilität und Glaubwürdigkeit, hervorgerufen durch einen talentierten politischen Gaukler, in die Irre leiten können. Der Schaden für die Bevölkerung wäre sicherlich geringer gewesen!

LITERATUR:

Area Handbook for the Democratic Republic of Sudan, 1973, hrsg. von der American University Washington, Washington.

Eitner, Kurt und
Ahmed, M.D. (Hrg.), Republik Sudan. Staat - Politik - Wirtschaft. Probleme eines Entwicklungslandes anhand ausgewählter Bereiche. Mitteilungen des Deutschen Orient-Instituts, Nr 14, Hamburg 1980.

Grawert, Elke: Steine auf dem kapitalistischen Entwicklungsweg im Sudan. Diplomarbeit, Hamburg 1984.

Khalid, Mansour: Nimeiri and the Revolution of Dis-May, London 1985

Oesterdiekhoff, Peter
und Karl Wohl-
muth (Hrg.): The Development Perspectives of the Democratic Republic of Sudan. The Limits of the Breadbasket Strategy, München, Köln, London 1983.

Pleticha, Heinrich
(Hrg.):   Der Mahdiaufstand in Augenzeugenberichten, München
                          1981.

Sinada, Iglal: Kenana und die Zuckerindustrie im Sudan, Magister-
                          arbeit, Hamburg 1983.

Streck, Bernhard: Sudan. Steinerne Gräber und lebendige Kulturen am
                          Nil, DuMont Kultur-Reiseführer, Köln 1982.

Tetzlaff, Rainer: Die Außenpolitik der Republik Sudan auf dem
                          Hintergrund innergesellschaftlicher Konflikte (1969-
                          1978), in: Afrika Spektrum, Institut für Afrika-Kunde,
                          Hamburg, 78/1, S.45-66.

Tetzlaff, Rainer: Sudan - Der zweite Bürgerkrieg, in: Internationales
                          Afrikaforum, München, 4/1984, S. 369-378.

Tetzlaff, Rainer: Sudan - Verschuldung durch Entwicklungsgigantomanie,
                          in: Peter Körner, Gero Maaß, Thomas Siebold und
                          Rainer Tetzlaff, Im Teufelskreis der Verschuldung. Der
                          IWF und die Dritte Welt, Hamburg 1985.

Tetzlaff, Rainer und
Karl Wohlmuth
(Hrg.):   Der Sudan. Probleme und Perspektiven der Entwick-
                          lung eines weltmarktabhängigen Agrarstaates, Frankfurt
                          a.M. 1980.

AUTORENVERZEICHNIS

Günter G. ABRAHAM, geb. 1929, Dr. rer. pol., Dozent am Institut für Außenhandel und Überseewirtschaft des Fachbereichs Wirtschaftswissenschaften der Universität Hamburg.

Jürgen JENSEN, geb. 1938, Dr. phil., Professor für Völkerkunde am Institut für Ethnologie des Fachbereichs Kulturgeschichte und Kulturkunde der Universität Hamburg.

Volker MATTHIES, geb. 1945, Dr. phil., Privatdozent für Politische Wissenschaft am Institut für Politische Wissenschaft des Fachbereichs Philosophie und Sozialwissenschaften der Universität Hamburg.

Hans-Jürgen BARON MAYDELL, geb. 1932, Dr. rer. nat., Professor für Weltforstwirtschaft am Institut für Weltforstwirtschaft und Ökologie der Bundesforschungsanstalt für Forst- und Holzwirtschaft in Hamburg.

Horst G. MENSCHING, geb. 1921, Dr. rer. nat., em. Professor für Geographie am Fachbereich Geowissenschaften der Universität Hamburg.

Rainer TETZLAFF, geb. 1940, Dr. rer. pol., Professor für Politische Wissenschaft am Institut für Politische Wissenschaft des Fachbereichs Philosophie und Sozialwissenschaften der Universität Hamburg.

Siegbert UHLIG, geb. 1939, Dr. theol., Dr. phil., Privatdozent für Äthiopistik am Seminar für Afrikanische Sprachen und Kulturen des Fachbereichs Orientalistik der Universität Hamburg.

AUSGEWÄHLTE LITERATUR

(im Anschluß an manche Beiträge finden sich weitere Hinweise)

ABRAHAM, Günter G., The Impact of the Jimma-Agaro and Dejen Bure Road on Regional Development (Addis Ababa, 1972)

ABRAHAM, Günter G., Zur Bedeutung von Verkehrsinvcstitionen in ländlichen Entwicklungsräumen, in: Zeitschrift für ausländische Landwirtschaft 15 (1976)

ABRAHAM MEDHANE, Die Wirtschaft Äthiopiens und die Möglichkeit zur Industriealisierung, Diss. (Wien, 1970)

COHEN, D. W., The River-Lake-Nilotes from the Fifteenth to the Nineteenth Century, in: *Ogot, B. A. - Kieran, J. A.,* A Survey of East African History (Nairobi, 1978), 142-157

COLE, L. M., Transport Investment Strategies and Economic Development, in: Land Economics 44 (1986)

DAMMANN, Ernst, Die Religionen Afrikas = Die Religionen der Menschheit 6 (1973)

DEGENS, T. - SPITZY, A., Der Tag an dem der Regen kam. Ägyptens Klima im Wandel der Zeiten, in: Wasser - Leben für Afrika (Hamburg, 1983)

EITNER, Kurt - AHMED, M. D. (Hrg.), Republik Sudan. Staat - Politik - Wirtschaft. Probleme eines Entwicklungslandes anhand ausgewählter Bereiche = Mitteilungen des Deutschen Orient-Instituts 14 (Hamburg, 1980)

FAO, Tropical Forest Ressources Assessment Project: Forest Ressources of Tropical Africa, Part II: Country Briefs. FAO (Roma, 1981)

FAO, Yearbook of Forest Products. FAO (Roma)

HARRISON, M. N. - JACKSON, J. K., Ecological classifikation of the vegetation of the Sudan; Republic of the Sudan, Ministry of Agriculture, Forests Dept. = Forests Bulletin No. 2 (Khartoum, 1958)

HANSEN, H. B., Ethnicity and Military Rule in Uganda, in: Scandinavian Institute of African Studies, Research Report 43 (Uppsala)

HOFMEIER, R., Transport and Economic Development = Afrika-Studien Nr. 78 (München 1973)

IBRAHIM, F. N., Ecological Imbalance in the Republic of the Sudan - with Reference to Desertification in Darfur = Bayreuther Geowissenschaftliche Arbeiten 6 (Bayreuth, 1984)

JENSEN, J., Interethnische Beziehungen und Akkulturation in der frühen Kolonialzeit Ugandas, in: Sociologus 16, 39-52

JENSEN, J., Preliminary Report on a Social Anthropological Research Projekt in Mauritius, in: Sociologus 35, 85-87

KHALID, Mansour, Nimeiri and the Revolution of Dis-May (London, 1985)

LÜBBE, Hermann - STRÖKER, Elisabeth (Hrg.), Ökologische Probleme im kulturellen Wandel = Ethik der Wissenschaften 5 (1986)

MATTHIES, Volker, Der Grenzkonflikt Somalias mit Äthiopien und Kenya. Analyse eines zwischenstaatlichen Konflikts in der Dritten Welt = Hamburger Beiträge zur Afrika-Kunde 21 (Hamburg, 1977)

MATTHIES, Volker, Der Eritrea-Konflikt. Ein "vergessener Krieg" am Horn von Afrika = Arbeiten aus dem Institut für Afrika-Kunde 34 (Hamburg, 1981)

MARKAKIS, I., National and Class Conflict in the Horn of Africa (Cambridge..., 1987)

MENSCHING, Horst G., Die Wüste schreitet voran, in: Umschau in Wissenschaft und Technik (1978), 99-106

MENSCHING, Horst G., Die Sahelzone = Problemräume der Erde 6 (Köln, 1986)

MBITI, John S., Afrikanische Religion und Weltanschauung (Berlin - New York, 1974)

MÜHLMANN, W. E., Rassen, Ethnien, Kulturen (Neuwied - Berlin, 1964)

OESTERDIEKHOFF, Peter - WOHLMUTH, Karl (Hrg.), The Development Perspectives of the Democratic Republic of Sudan. The Limits of the Breadbasket Strategy (München - Köln - London, 1983)

TRIMINGHAM, J. Spencer, Islam in Ethiopia (Oxford, 1952)

UIBRIG, H., Über die Planung und Erfolgsaussichten von Aufforstungen im Hararghe Hochland, Sozialistisches Äthiopien, in: Sozialistische Forstwirtschaft 36 (Berlin, 1986), 246-251

World Bank, Sudan Forestry Sector Review, Report No. 5911 (1986)

REGISTER DER FACHBEGRIFFE

Austeritätspolitik

(Von lat. *austerus* 'streng, hart' bzw. engl. *austerity* 'Einfachheit, Einschränkung'): Schlagwort für die von Sir Staffort Cripps (englischem Schatzkanzler) ab 1948 durchgesetzte Wirtschafts- und Finanzpolitik, deren Ziel strengste Haushaltsführung und Sparsamkeit war.

Binnenorientierte Strategie

Konzentration des Entwicklungsweges auf die Wirtschaftsvorgänge innerhalb einer Volkswirtschaft unter weitgehendem Verzicht einer Beteiligung am Weltmarkt.

Desertifikation

Durch ökologisch nicht angepaßte Landnutzungsmethoden oder durch Raubbau vor allem in den randlichen Trockengebieten der Erde (mit semiaridem Klima) ökologische "Verwüstung" der natürlichen Ressourcen und damit Ausbreitung wüstenhafter Bedingungen; dies betrifft sowohl die natürliche Pflanzenwelt, den Wasserhaushalt als auch die Bodenfruchtbarkeit; dieser Vorgang kann zur irreversiblen Wüstenbildung führen.

Desintegration

(Von lat.-franz. *des-* 'ent-, un-' und *integratio* 'Erneuerung, Wiederherstellung'): im politischen Bereich: Auflösung bzw. Auseinanderbrechen eines Staatsgebietes in verschiedene Teile.

Exploitation

Nutzung in Form einer Abbauwirtschaft, Abbau natürlicher Ressourcen; in der Forstwirtschaft wird dagegen in der Regel eine nachhaltige Produktion nachwachsender Rohstoffe angestrebt.

Haufendorf

(Im Gegensatz zur Streusiedlung; siehe dort): Ortsform mit geschlossener, doch ungeregelter Bebauung mit Gehöften.

Infrastruktur

Öffentliche Einrichtungen in einem arbeitsteiligen Wirtschaftsraum, z.B. Straßen, Kanäle, Flughäfen, Eisenbahnen, Schulen, Universitäten, Krankenhäuser, staatliche Verwaltungen.

Kapitalakkumulation

Fähigkeit einer Volkswirtschaft, produktive Umwege zu beschreiten durch Ansammlung langlebiger Produktionsfaktoren, z.B. Maschinen, Gebäude, Infrastruktur.

Nutzholz

Holz, das nicht als Brennmaterial (Brennholz, Holzkohle) verwendet wird, teils unbearbeitet oder nur grob zugerichtet (z.B. Zaunpfähle, Stangen), teils in der Folge weiter be- oder verarbeitet (z.B. zu Schnittholz, Holzplatten, Zellstoff usf.).

Ökosystem

Das natürliche Wirkungsgefüge klimatischer, hydrologischer, pedologischer, biologischer und geologischer Faktoren, die eine Landschaft mittlerer Größenordnung prägen; dies kann der Mensch durch Raubbau stören oder sogar zerstören: es kommt dann zur Degradation oder in den Tropen und Subtropen zur Desertifikation.

Pluvialzeit

In den heute trockenen nordafrikanischen Gebieten den Eiszeiten der höheren Breiten entsprechende Perioden mit kühlerem Klima und stärkeren Niederschlägen.

Potential

In der Wirtschaft: noch nicht genutzte, aber erkennbare vorhandene Entwicklungsmöglichkeiten.

Säkularisierung

(Von lat. *saeculum* 'Zeitalter, Generation'): "Verweltlichung", Lösung relevanter Denkinhalte aus ihrem religiösen Zusammenhang und deren profane Umbestimmung mit dem letzten Ergebnis, daß die religiöse Weltdeutung für ungültig erklärt wird.

Semiarid

(Von lat. *semi-* 'halb' und *aridus* 'trocken, dürr'): halbtrockene Klimazone, in der die Verdunstung des Niederschlags überwiegt, wenngleich in einigen Monaten der Niederschlag größer als die Verdunstung sein kann.

Sezession

(Von lat. *secessio* 'Absonderung, Trennung'): im politischen Bereich Verselbständigung, Herauslösung eines Staatsteiles aus einem Staatsgefüge, meist durch die ansässige Bevölkerung gegen den Willen der Staatsführung mit dem Ziel der Unabhängigkeit oder der Angliederung an einen anderen Staat.

Stammesreligion

Einheitlicher Glaube und gemeinsamer Kult einer Ethnie, die die Integration der Gruppe gewährleisten und zur Übereinstimmung von Ethnie und Religionsgemeinschaft führen.

Streusiedlung

Im Unterschied zum Haufendorf (siehe dort) Splitterbebauung einer Region mit Einzelhöfen außerhalb von Ortschaften.

Subsistenz

Lebensunterhalt; gemeint ist die Eigenversorgungswirtschaft (Subsistenzwirtschaft ländlicher Haushalte ohne nennenswerte Beteiligung an Märkten).

Transhumance oder Transhumanz

Form der halbnomadischen Weidewirtschaft, bei der die Viehherden zwischen
(meist zwei) sich im jahreszeitlichen Klimarhythmus ergänzenden Gebieten
hin und her getrieben werden.

Tribalismus

(Von lat. *tribus* 'Bezirk, Abteilung' bzw. engl. *tribe* 'Stamm'): Bezeichnung
für eine ethnisch bestimmte Politik in afrikanischen Staaten, die nach dem
Zweiten Weltkrieg unabhängig wurden, welche sich in der Bevorzugung
ethnischer Gruppen im politisch-gesellschaftlichen Leben und teilweise auch
in partikularistischer Regionalpolitik zeigt.

Zammačča-Kampagne

(Von einem amharischen Verb, das 'in Gruppen aufbrechen, marschieren, um
eine Aufgabe zu erfüllen' beschreibt, als Nomen auch für 'Militärexpedition'
verwendet): seit 1984 jährlich durchgeführte Alphabetisierungsaktion in
Äthiopien, die überwiegend von Oberschulabsolventen vor Beginn des
Studiums durchgeführt wird und zugleich die politischen Ziele und Grundsätze
der neuen Zentralregierung vermitteln soll.

HAMBURGER BEITRÄGE ZUR ÖFFENTLICHEN WISSENSCHAFT

Band 1
BEWAFFNUNG DES WELTRAUMS
Ursachen — Gefahren — Folgen
Herausgegeben von Gunnar Lindström. Mit einem Geleitwort von Klaus Michael Meyer-Abich
190 Seiten mit 20 Figuren und 10 Tabellen
Broschiert DM 17,80 / ISBN 3-496-00868-7
Aus der Sicht eines Psychoanalytikers, eines Politologen, eines Soziologen und eines Physikers werden
unterschiedliche Aspekte der Rüstungsproblematik untersucht und mit der strategischen Verteidigungsinitia-
tive SDI der amerikanischen Regierung in Beziehung gesetzt. Das Resümee der Beiträge besteht in der kritisch untermauerten These, daß die angestrebte Unverwundbarkeit weder politisch wünschbar noch strate-
gisch oder technologisch machbar ist.

Band 2
Renate Nestvogel/Rainer Tetzlaff (Hg.)
AFRIKA UND DER DEUTSCHE KOLONIALISMUS
Zivilisierung zwischen Schnapshandel und Bibelstunde
218 Seiten
Broschiert DM 28,- / ISBN 3-496-00871-7
Mit dem europäischen Kolonialismus begann für Afrika die zwangsweise Integration in das westlich geprägte Weltsystem. Schnaps- und Flintenhandel Hamburger Firmen erleichterten den deutschen Missionaren und »Kolonialpionieren« den Weg ins Innere Kameruns, Togos, Ost- und Südwestafrikas. Handel, Mission, deutschkoloniale Erziehung, Rassendünkel und kulturelle Entfremdung werden kritisch beleuchtet.

Band 3
NEUE MEDIEN — NEUE TECHNOLOGIEN
Bildung und Erziehung in der Krise?
Herausgegeben von Rolf Oberliesen und Anneliese Stiebeling
277 Seiten mit 1 Graphik
Broschiert DM 29,50 / ISBN 3-496-00900-4
Neue Medien und Technologien verändern die Formen unseres Zusammenlebens und Arbeitens. Hiervon
besonders betroffen ist das Bildungs- und Schulsystem mit seinen weitreichenden Zukunftsperspektiven. Die
unübersehbaren Auswirkungen dieser Entwicklung sind es vor allem, die Erziehungs- und Sozialwissenschaft-
ler veranlaßten, sich zu den möglichen pädagogischen und bildungspolitischen Konsequenzen zu äußern.

Band 4
Detlev Rahmsdorf/Hans-Bernd Schäfer (Hg.)
ETHISCHE GRUNDFRAGEN
DER WIRTSCHAFTS- UND RECHTSORDNUNG
219 Seiten mit einem Glossar, einem Schlagwortindex und einer Auswahlbibliographie
Broschiert DM 29,50/ISBN 3-496-00913-6
Aus wirtschaftswissenschaftlicher, juristischer und philosophischer Perspektive diskutieren sechs namhafte
Spezialisten die Rolle ethischer Normen im Wirtschaftsprozeß und ihre mögliche Verankerung in der
Rechtsordnung. So umstritten das Anlegen moralischer Maßstäbe an ökonomische Mittel und Zwecke ist,
so sehr belebt dieser aktuelle Aspekt die Kontroversen um Liberalismus und Wohlfahrtsstaat, Konkurrenz-
prinzip und Solidarität, rechtliche Steuerung und Eigengesetzlichkeit des Wirtschaftslebens.

DIETRICH REIMER VERLAG BERLIN

HAMBURGER BEITRÄGE ZUR ÖFFENTLICHEN WISSENSCHAFT

Band 4

Detlev Rahmsdorf/Hans-Bernd Schäfer (Hg.)
ETHISCHE GRUNDFRAGEN
DER WIRTSCHAFTS- UND RECHTSORDNUNG

219 Seiten mit einem Glossar, einem Schlagwortindex und einer Auswahlbibliographie
Broschiert DM 29,50/ISBN 3-496-00913-6

Aus wirtschaftswissenschaftlicher, juristischer und philosophischer Perspektive diskutieren sechs namhafte Spezialisten die Rolle ethischer Normen im Wirtschaftsprozeß und ihre mögliche Verankerung in der Rechtsordnung. So umstritten das Anlegen moralischer Maßstäbe an ökonomische Mittel und Zwecke ist, so sehr belebt dieser aktuelle Aspekt die Kontroversen um Liberalismus und Wohlfahrtsstaat, Konkurrenzprinzip und Solidarität, rechtliche Steuerung und Eigengesetzlichkeit des Wirtschaftslebens.

Band 5

Arno Herzig (Hg.)
DAS ALTE HAMBURG

(1500—1848/49)
Vergleiche — Beziehungen
285 Seiten mit 20 Abbildungen
Broschiert DM 36,- / ISBN 3-496-00948-9

Hamburg wurde zwischen Spätmittelalter und 19. Jahrhundert zu einer der führenden Städte Deutschlands. Der vorliegende Band beleuchtet die vielfältigen Aspekte dieser Entwicklung, zeigt die Bedeutung der überregionalen Beziehungen der Stadt und vergleicht ihre politischen, sozialen und kulturellen Strukturen mit denen anderer Städte und Länder.

Band 6

Inge Stephan/Hans-Gerd Winter (Hg.)
HAMBURG IM ZEITALTER DER AUFKLÄRUNG

464 Seiten mit 37 Abbildungen
Broschiert DM 68,- / ISBN 3-496-00975-6

Hamburg war im 18. Jahrhundert eine aufstrebende Handelsstadt und zugleich ein kulturelles Zentrum von überregionalem Rang. Aufklärerische Ideen fanden schon früh Eingang in das Denken führender Schichten der freien Reichsstadt, in der viele fortschrittlich gesinnte Künstler und Gelehrte wirkten.

Band 7

Udo Bermbach (Hg.)
IN DEN TRÜMMERN DER EIGNEN WELT

Richard Wagners »Der Ring der Nibelungen«
275 Seiten mit Tabellen und Graphiken
Broschiert DM 34,- / ISBN 3-496-00452-5

Zehn namhafte Wissenschaftler, Publizisten und Künstler analysieren in diesem Band Richard Wagners Hauptwerk aus ihrer jeweils eigenen Perspektive. Die Spannweite der Themen reicht von inhaltlichen und musikalischen Aspekten des »Rings« über seine Entstehungs- und Wirkungsgeschichte bis hin zu Problemen der Regie und Aufführungspraxis.

DIETRICH REIMER VERLAG  BERLIN